आठ एकांकी

आठ एकांकी

सम्पादक

देवेन्द्र राज अंकुर

महेश आनन्द

वाणी प्रकाशन

वाणी प्रकाशन
4695, 21-ए, दरियागंज, नयी दिल्ली 110 002
शाखा
अशोक राजपथ, पटना 800 004
फ़ोन : +91 11 23273167 फ़ैक्स : +91 11 23275710
www.vaniprakashan.in
vaniprakashan@gmail.com
sales@vaniprakashan.in

AATH EKANKI
Edited by Devendra Raj Ankur, Mahesh Anand

ISBN : 978-81-8143-686-3
Play

संस्करण 2012, 2016
आवृत्ति 2018

मूल्य : ₹ 110

शिव शक्ति प्रिंटर्स, दिल्ली-110 095 में मुद्रित

वाणी प्रकाशन का लोगो मक़बूल फ़िदा हुसेन की कूची से

भूमिका

संस्कृत नाट्यशास्त्र में वर्णित रूपक के भेदों–भाण, प्रहसन, व्यायोग, वीथी और अंक तथा उपरूपकों में से गोष्ठी, नाट्यरासक, विलासिका आदि की एक अंकीय संरचना में एकांकी से मिलते-जुलते कुछ रूपों को देखा जा सकता है। इसी तरह यूरोप के मिस्ट्री, मिरेकल और मोरेलिटी नाटकों में भी इसके कुछ रूप तलाशे जा सकते हैं। परन्तु आज का एकांकीलेखन आधुनिक युग की देन है। यूरोप में नाटक शुरू होने से पूर्व आए दर्शकों का मनोरंजन करने अथवा उन्हें शान्त रखने के लिए जिस कर्टेन रेजर का प्रचलन हुआ वही आज के एकांकीलेखन का प्रेरणा-स्रोत बना अर्थात् नाटक से पूर्व एक लघु नाट्य प्रदर्शन। अक्तूबर 1903 में लन्दन के वेस्टएंड थिएटर में डब्ल्यू. डब्ल्यू. जैकब की कहानी 'द मंकीज़ पॉ' का नाट्यान्तर पहली बार कर्टेन रेजर के रूप में इतना चर्चित हुआ कि दर्शक मूल नाटक को ही भूल गए। इसके उद्देश्य औंर मूड का मुख्य नाटक से गहरा अन्तर था।

हिन्दी में भारतेन्दु अथवा उसके समकालीन लेखकों में से बालकृष्णभट्ट अथवा प्रतापनारायण मिश्र आदि ने जो एकअंकीय नाटक लिखे वे संस्कृत नाटकों के रूपकों-उपरूपकों के भेदों से ही प्रेरित थे। सांस्कृतिक जागरण के उस युग में स्वयं भारतेन्दु ने नाटकलेखन में जिस तरह प्रयोग किए उससे आधुनिक नाटक की शुरुआत मानी जाती है, परन्तु उनके नाटकों में से अधिकांश रूपक के भेदों-उपभेदों के ही आधुनिक हिन्दी संस्करण हैं। 'पाखंड विडंबन', 'विषस्य विषमौषधम' अथवा 'अन्धेर नगरी' को अनेक दृश्योंवाला एकांकी कहने की अपेक्षा लघु नाटक कहना अधिक उचित होगा। सही अर्थों में एकांकी के स्वरूप और प्रकृति को लेकर गम्भीर संवाद की शुरुआत 'हंस' पत्रिका के एकांकी विशेषांकों (मई और जून 1938) से हुई। यह स्पष्ट करना उचित होगा कि चौथे दशक में जब पारसी कम्पनियाँ धीरे-धीरे बन्द होती गईं तो रंगमंच का अभाव शौकिया मंडलियों की निष्क्रियता के कारण और अधिक गहरा हो गया। ऐसी स्थिति में स्कूल-कॉलेजों के वार्षिकोत्सवों अथवा कुछ अन्य विशिष्ट अवसरों पर होनेवाले सांस्कृतिक कार्यों के लिए छोटे नाटकों की माँग बढ़ने लगी इस परिवेश ने कई रचनाकारों को एकांकीलेखन के लिए प्रेरित किया। दूसरी ओर, दिल्ली, लखनऊ और मुम्बई में रेडियो स्टेशन के खुलने से जो छोटे आकार के रेडियो नाटक लिखे गए उन्हें कुछ परिवर्तनों के साथ मंच पर भी खेला

जाने लगा।

पाँचवें-छठे दशक में इप्टा और पृथ्वी थिएटर्स और इनके बाद राष्ट्रीय नाट्य विद्यालय तथा शौकिया मंडलियों के रंगकार्यों से बने नए परिवेश से जब रचनाकारों का परिचय हुआ तो कई महत्त्वपूर्ण एकांकी लिखे गए। इस संकलन में प्रस्तुत आठ एकांकियों का चुनाव अन्तर्वस्तु और रंगबोध के नए रूपों की दृष्टि से किया गया है, जिनसे इस पूरे दौर की पहचान बन सके।

इस दौर में **भुवनेश्वर** के एकांकी संग्रह 'कारवाँ' (1935) ने जो हलचल पैदा की, वह कई नाटककारों के असंख्य नाटकों द्वारा भी नहीं बन सकी। उनके एकांकियों ने ज़िन्दगी के अनछुए पहलुओं को जिस रंगबोध से जोड़ने का प्रयास किया, वह उस समय हिन्दीभाषी प्रदेश के पाठकों-दर्शकों के लिए अपरिचित था। सातवें दशक में कुछ नए रंगकर्मियों ने उनके एकांकियों के नए व्याकरण को समझा और सफलता से उसे प्रदर्शित किया।

'श्यामा : एक वैवाहिक विडम्बना', 'लाटरी', 'ऊसर', 'स्ट्राइक', 'आज़ादी की नींव' और 'ताँबे के कीड़े' उनके चर्चित एकांकी हैं। नई नाटकीय भाषा, संवादों की जीवन्तता और नाटकीय विडम्बना से जीवन की विद्रूपता, कड़वाहट और त्रासद पहलुओं का अंकन दर्शकों को झकझोरता है।

उपेन्द्रनाथ अश्क ने मध्यवर्गीय समाज की समस्याओं और अन्तर्विरोधों की बारीकी से पड़ताल करते हुए 'लक्ष्मी का स्वागत', 'सूखी डाली', 'तौलिए', 'आपस का समझौता', 'जोंक', 'पर्दा उठाओ, पर्दा गिराओ' जैसे सफल एकांकी लिखे। इन एकांकियों में उन्होंने यथार्थवादी रंगशिल्प अपनाते हुए सादगीभरी शैली में जो व्यंग्य किया, उसे बोलचाल की भाषा और गतिशील स्थितियों ने पैना बनाया।

रामकुमार वर्मा ने सामाजिक एवं ऐतिहासिक कथानकों पर आधारित अनेक एकांकी लिखे हैं। उनके एकांकी 'बादल की मृत्यु' (1930) को हिन्दी का पहला एकांकी माना जाता है। उनके सामाजिक एकांकियों के अन्त में भावुकता से ओतप्रोत जिस प्रकार का आदर्शवादी मोड़ मिलता है उससे वे अधिक प्रभावशाली नहीं बन सके। इनकी अपेक्षा उनके ऐतिहासिक एकांकियों में चित्रित पात्रों के आदर्शवादी गुण अपनी पृष्ठभूमि के कारण अधिक स्वाभाविक लगते हैं? 'पृथ्वीराज की आँखें', 'चारुमित्रा', 'कौमुदी महोत्सव', 'दुर्गावती', 'वाजिदअली शाह' आदि में मानसिक द्वन्द्व का अंकन इसीलिए प्रभावी बना है। सामाजिक विषयों से सम्बन्धित एकांकियों में कहीं सामाजिक विसंगतियों पर व्यंग्य किया है तो कहीं उसके मनोरंजक रूप पेश किए गए हैं।

जगदीशचन्द्र माथुर ने अपने एकांकियों में समकालीन जीवन की विसंगतियों को दिलचस्प युक्तियों से उद्घाटित किया है। 'ओ मेरे सपने', 'भोर का तारा', 'रीढ़ की हड्डी' आदि में मानवीय संवेदना के रेखांकन अतिशय भावुक नहीं होते और न ही व्यंग्य को निर्मम बनाते हैं। एक तरह से वे स्थितियों को मार्मिक क्षणों को

उभारते हुए उसे शरारतभरे अन्दाज़ में पेश करते हैं।

नए एकांकीकारों में **लक्ष्मीनारायण लाल** का नाम विशेष रूप से उल्लेखनीय है। उन्होंने 'ताजमहल के आँसू' से लेकर 'दूसरा दरवाजा' तक कथ्य और शिल्प दोनों क्षेत्रों में नए-नए प्रयोग किए। विशेष रूप से 'मम्मी ठकुराइन', 'कॉफ़ी हाउस में इन्तजार', 'दूसरा दरवाजा', 'यक्ष प्रश्न', 'उत्तर युद्ध' आदि एकांकी रंगकर्मियों में काफ़ी चर्चित रहे। अन्तिम दौर के एकांकी अपनी प्रयोगधर्मिता के कारण लघु नाटकलेखन का एक नया रूपरंग प्रस्तुत करते हैं। नाटकीय क्षणों को चुस्त शिल्प के बाने में रूपायित करना इनके एकांकियों की प्रमुख विशेषता है।

विष्णु प्रभाकर मूलतः रेडियो नाटककार हैं, परन्तु कुछ परिवर्तनों के साथ उनके मंचित होने के बाद उन्होंने मंच के लिए एकांकी भी लिखे हैं। 'समरेखा-विषमरेखा', 'साँप और सीढ़ी', 'संस्कार और भावना', 'दस बजे रात' आदि में मानव मन की अतल गहराइयों में झाँकते हुए उसके कोमल क्षणों का मार्मिक अंकन किया है।

मोहन राकेश का एकांकी संग्रह 'अंडे के छिलके, अन्य एकांकी तथा बीज नाटक' उनकी मृत्यु के बाद ही प्रकाशित हुआ। उन्होंने स्त्री-पुरुष सम्बन्धों की पड़ताल करते हुए 'शायद' और 'हंः' जैसे एकांकियों के सामान्य जीवन के अन्तर्विरोधों को जिस सहजता से व्यंजित किया है, उसमें नाटकीय युक्तियाँ नहीं हैं—इसमें उन्होंने नाटकीय संवादों के माध्यम से परिवेश रचते हुए अभिनेता के महत्त्वपूर्ण होने को व्यंजित किया है। इसीलिए उन्होंने इन्हें बीज नाटक कहा है? इससे एक कदम आगे 'छतरियाँ' में पार्श्वध्वनियों और अभिनेता के कार्य-व्यापारों के संयोजन द्वारा जीवन के अनेक रूपों का अंकन किया है।

सुरेन्द्र वर्मा ने एक ओर 'नींद क्यों रात भर नहीं आती', 'शंकुतला की अंगूठी' आदि नाटकों में यथार्थपरक मंचन शैली के माध्यम से प्राचीन नाट्य दृष्टि का पुनर्निर्माण करने का प्रयास किया है तो दूसरी ओर 'छोटे सैयद बड़े सैयद' जैसे नाटकों के पात्र-बहुल कथानकों में अस्सी पात्रों का प्रभावशाली नियोजन एवं निर्वाह करने का नवीन प्रयोग किया है।

हिन्दी नाटक के इतिहास में सुरेन्द्र वर्मा अकेले नाटककार हैं जिन्होंने प्राचीन भारतीय इतिहास की पृष्ठभूमि वाले आठवें सर्ग तथा सूर्य की अन्तिम किरण से सूर्य की पहली किरण तक नाटकों में संस्कृतनिष्ठ हिन्दी का प्रयोग किया है। विषय-वैविध्य के साथ-साथ भाषा-प्रयोग सम्बन्धी वैविध्य भी सुरेन्द्र वर्मा के लेखन की विशेषता है।

इस प्रकार प्रस्तुत संकलन एकांकी के विविध रूपों का एक चित्र पेश करता है। यथार्थवादी और ग़ैर-यथार्थवादी रंगशिल्प, नाटकीय भाषा, सामाजिक स्थितियों के बुनियादी प्रश्नों के अनेक स्तरों का अंकन एक तरह से हिन्दी नाटकलेखन की बानगी ही है।

अनुक्रम

ताँबे के कीड़े	*भुवनेश्वर प्रसाद*	13
औरंगज़ेब की आख़िरी रात	*रामकुमार वर्मा*	27
लक्ष्मी का स्वागत	*उपेन्द्रनाथ अश्क*	48
रीढ़ की हड्डी	*जगदीशचन्द्र माथुर*	62
बसन्त ऋतु का नाटक	*लक्ष्मीनारायण लाल*	76
संस्कार और भावना	*विष्णु प्रभाकर*	93
बहुत बड़ा सवाल	*मोहन राकेश*	106
हरी घास पर घंटे भर	*सुरेन्द्र वर्मा*	137

आठ एकांकी

भुवनेश्वर प्रसाद

भुवनेश्वर प्रसाद की गणना एकांकी विधा के प्रतिष्ठापकों में की जाती है। एकांकी को जन-जीवन के निकट लाने में उनका महत्त्वपूर्ण योगदान है। भुवनेश्वर की कला पर पश्चिम का अत्यधिक प्रभाव रहा है। उनकी तकनीक तथा विषय–सभी पर शॉ, इब्सन और डी.एच. लारेंस का प्रत्यक्ष प्रभाव देखा जा सकता है। इससे स्पष्ट हो जाता है कि वे हिन्दी एकांकी को पाश्चात्य आदर्शों की ओर ले जाना उचित मानते हैं। भुवनेश्वर ने सामाजिक रूढ़ियों, विचार स्वातन्त्र्य, साम्यवाद, विवाह वैषम्य तथा मानव के अन्तर्जगत में उठनेवाली कामेच्छा, प्रेम, क्रोध, ईर्ष्या, प्रतिहिंसा आदि मनोविकारों से उत्पन्न जटिलताओं का मार्मिक चित्रण किया है। इनके नाटकों में स्त्री पात्र बुद्धि के कृत्रिम अनुशासन के स्थान पर अन्तःस्तल से उद्‌भूत भावनाओं से परिचालित होते हैं। नारी तथा पुरुष के विश्लेषण में भुवनेश्वर को सिद्धहस्तता हासिल है।

भुवनेश्वर प्रसाद का जन्म सन् 1910 में उत्तर प्रदेश में हुआ। भुवनेश्वर के साथ एक ट्रेजेडी सदा जुड़ी रही। उनके लिए जीवन निस्सार रहा। सामाजिक-साहित्यिक संरचना में जीवन के प्रति इस नकारात्मक दृष्टि ने उन्हें सृजनात्मक मूल्यों से काट दिया। यायावरी जीवन, मदिरा में डूबे रहना, मित्रों एवं रिश्तेदारों से उधार माँग-माँग कर जीवन में भौतिक सुखों के रंग में घोलना, केन्द्र में रहने के लिए सदैव नए-नए काल्पनिक-चामत्कारिक सत्य गढ़ना आदि उनका शगल था। ऐसी खोखली ज़िन्दगी जीते हुए एक दिन फटे-पुराने कपड़े पहने विक्षिप्तावस्था में ही वे प्राण गँवा बैठे।

रचनाएँ

एकांकी–'श्यामा एक वैवाहिक स्वप्न' (1933), 'पतिता' (शैतान) (1934), 'एक साम्यहीन साम्यवादी' (1934), 'प्रतिभा का विवाह' (1932), 'रहस्य रोमांच' (1935), 'लॉटरी' (1935), 'मृत्यु' (1936), 'हम अकेले नहीं हैं', 'सवा आठ बजे' (1937), 'स्ट्राइक', 'ऊसर' (1938), 'रोशनी और आग' (1941), 'फ़ोटोग्राफ़र के सामने' (1945), 'ताँबे के कीड़े' (1946), 'इतिहास की केंचुल' (1947-48)।

नाटक–'आदमखोर' (1938), 'इंस्पेक्टर जनरल' (1940), 'कठपुतलियाँ' (1942)।

ऐतिहासिक नाटक–'आज़ादी की नींद' (1949), 'जेरुसलम का नायक' (1949), 'सिकंदर' (1950), 'अकबर', 'चंगेज़ खाँ' (1950 से पूर्व)।

भुवनेश्वर के एकांकियों का मूल केन्द्र सैक्स तथा विभिन्न मनोवैज्ञानिक परिस्थितियों का आवेगमय चित्रण है। सभ्यता बढ़ने के साथ-साथ शिक्षित और आर्थिक दृष्टि से सम्पन्न मध्यमवर्ग की सैक्स ग्रन्थियाँ जटिलतर होती जा रही हैं। भुवनेश्वर ऐसे ग्रन्थिल पात्रों का सशक्त चित्रण करते हैं। इनके एकांकियों में प्रायः समय, स्थान और कार्य (संकलनत्रय) का अभाव दिखाई देता है। संवाद संक्षिप्त, तरल और मर्मस्पर्शी हैं किन्तु कथानकों में संश्लिष्टता का अभाव है। प्रभावान्विति का गुण इनके एकांकियों की विशेषता है। दरअसल, इन्होंने एकांकी के परम्परागत कथ्य और शिल्प पर प्रहार कर उसमें नवीन और प्रयोगशील वृत्तियों का समावेश किया।

'ताँबे के कीड़े' एकांकी आज की सभ्यता में पले कीड़े रूपी व्यक्तित्वों की गाथा है। आज का मनुष्य व्यक्तित्वविहीन होने के कारण रेंगने वाले गिलगिले व लिजलिजे कीड़े के समान हो गया है, जो आत्मकेन्द्रित है। 'ताँबे के कीड़े' मानव जीवन के त्रासद पक्ष, उस पर छाये रिक्तता बोध को रूपायित करता है। प्रस्तुत एकांकी में एकांकीकार भुवनेश्वर प्रसाद ने मानव मन की आन्तरिक परतों में प्रवेश कर साइको एनालिसिस की पद्धति से अपने कथानक की सृष्टि की है। इस पद्धति के अनुसार स्वतन्त्र व्यवहार के माध्यम से मनुष्य के गुप्त रहस्यों का उद्घाटन किया जाता है। विषय पर निर्धारित शब्द सूची का ब्यौरेवार उच्चारण किया जाता है, जिसे सुनकर श्रोता अपने मस्तिष्क में सर्वप्रथम कौंधनेवाले वाक्य, शब्द और हरकत द्वारा उत्तर देता है। मनोवैज्ञानिक अनुसंधानों को साहित्यिक रूप से परिणत करने का ना प्रयोग भुवनेश्वर ने अपने एकांकियों में किया। प्रस्तुत कथाविहीन एकांकी उसी क्रम में लिखी गई एक विशिष्ट रचना है, जिसमें विसंगतियों से भरे मानव जीवन की विडम्बनाओं और बेतुकेपन तथा यान्त्रिक सभ्यता द्वारा आए परिवर्तन को उद्घाटित करने का प्रयास किया गया है। अजनबीपन की विकृति से उपजे वहशीपन, असंगत स्थितियों में जीता-मरता विवशताबोध मानव की आन्तरिक परतों को खोलता है। पात्रों की हरकतें तथा हाव-भाव उस अर्थ को सहज भाव से मुखर कर देते हैं, जिसे व्यक्त करने के लिए शब्दों की सामर्थ्य की आवश्यकता नहीं है। अधूरे वाक्यों के प्रयोग, शारीरिक हावभाव के निर्देश, कोष्ठकों में दिए रंग संकेत आदि पात्रों के अन्तर्जगत् के द्वन्द्व को उद्घाटित करने में सहायक हुए हैं।

कथोपकथन एकांकी के उद्देश्य में सहायक हैं। पात्रों के संवाद से जीवन की नीरसता, ऊब, निरर्थकता, भ्रष्टाचार, व्यभिचार की विविध रंगी सृष्टि के मुक्त द्वार खुले हैं। इस असंगत दुनिया में, आज़ादी के बाद के ढहते स्वप्नों के बीच पलती किशोर-युवापीढ़ी का दिशाहीन राजनीतिक दर्द भ्रष्टाचार में पला-बढ़ा है। कुंठाओं के गर्भ से जन्मी यह पीढ़ी अवैध-अनाथ जीवन जीने के लिए अभिशप्त है। अपंग-अपाहिज जनतंत्र ने उसे स्वतन्त्रता प्राप्ति की दिशा में की गई यात्रा की अर्थहीनता का एहसास भी कराया है, और इसी थकन-टूटन को नियति के रूप में स्वीकार करने के लिए

विवश भी किया है। इस रिक्ति बोध की जर्जर संवेदनाओं को पात्रों के संवादों के माध्यम से व्यक्त किया गया है। विडम्बना को गहराने के लिए बेतरतीब से संवादों का प्रयोग किया गया है किन्तु ध्यान से देखा जाए तो इनमें आन्तरिक सूत्र विद्यमान है। भाषिक और दृश्य बिम्बों के संयोजन से रचना की जो बुनावट सामने आती है वह पात्रों और स्थितियों की जटिलता के कई स्तर पेश करती है। इन्हीं में ध्वनियों के कुछ बिम्ब भी सहायक बनते हैं। इसी प्रक्रिया में एकांकी के व्यंजनापूर्ण रंग-संकेत अर्थ को समझने में अपनी भूमिका निभाते हैं। वस्तुतः एकांकी मानव जीवन के बिखराव को जिस काल्पनिक ताने-बाने में बुनता है उसमें आधुनिक सभ्यता की अनेक विसंगतियाँ उद्घाटित होती हैं।

'ताँबे के कीड़े' हिन्दी एकांकी जगत् में 'एबसर्ड शैली' में लिखा गया पहला एकांकी है। विसंगत अनर्गल भाषा द्वारा विसंगत पात्रों के विसंगत आचरण को दर्शाना भुवनेश्वर पर अंग्रेज़ी के लेखकों—ब्रेख्त और बैकेट के प्रभाव का सूचक है। कथाविहीनता, हरकत की भाषा, प्रतीकात्मकता, बेतरतीब वार्तालाप, बेढंगी परिस्थितियाँ आदि को सँभालने के लिए जिस सावधानी व कला की आवश्यकता होती है—वह भुवनेश्वर के लेखन में बखूबी दिखाई देती है। आधुनिक मनुष्य की यातना और नियति को नए मुहावरे और नए शिल्प में प्रस्तुत करने की दृष्टि से भुवनेश्वर का नाम अग्रगण्य है।

ताँबे के कीड़े

भुवनेश्वर

पात्र

अनाउंसर, एक परेशान रमणी, एक मसरूफ पति, एक थका हुआ अफसर, पागल आया, एक रिक्शा कुली; कुछ और आवाजें।

[बड़े आदमियों के ड्राइंग-रूमों के लिए एक छोटा-सा नाटक]

[यह नाटक ड्राइंग-रूम के लिए ही है। औसत साइज के ड्राइंग-रूम में एक तरफ दीवार से जरा हटा एक काला स्क्रीन खड़ा किया गया है जिसके बराबर अनाउंसर (जिसे स्त्री ही होना चाहिए) खड़ी है। अनाउंसर के कपड़े रंग-बिरंगे होने हैं। एक फूलदार ड्रेसिंग-गाउन, रेशमी साफा और एक शोख चौड़े कमरबन्द से काम चल सकता है। उसके हाथ में एक बड़ा-सा तिब्बती लामाओं का-सा झनुझुना है।]

अनाउंसर : *(हाथ के झुनझुने को हिलाकर)* अकेले और बेसरो-सामान हम इस संसार में आए। *(स्क्रीन के पीछे से कुछ गम्भीर मर्दानी आवाजें)* कौन-कौन यहाँ सदा अकेला नहीं रहा? किसने-किसने अपने पड़ोसी का चेहरा पहचाना?

एक स्त्री की आवाज : किसने-किसने अपनी आत्मा में जीवन के आदि मुहूर्त को सिसकते-सुबकते नहीं सुना? अकेले और बेसरो-सामान हम भूले हुए रास्ते खोजते हैं। हम अपना खोया हुआ भाई तलाश करते रहते हैं जो बचपन में घर छोड़कर चला गया है। एक पत्थर, एक पत्ती, एक शब्द...जिसके पीछे एक

अनजाई और अनहोनी शुरुआत है।

[अनाउंसर झुनझुना हिलाती है। आवाजें रुक जाती हैं।]

गांग

अनाउंसर : हम सवालात उठाते हैं...
स्क्रीन के पीछे की आवाजें—हम खुदा नियम और मनुष्य को कायल कर देते हैं। और हमारे अन्दर के अन्धकार से शक्ति फूट पड़ती है।

अनाउंसर : *(झुनझुना बजाकर)* हम अपनी आत्मा से रचते हैं और शरीर से नाश कर देते हैं कि फिर अपने सत्य से उसे सजाएँ।
स्क्रीन के पीछे की आवाजें—आओ, हम इसे किसी बाजार में बेच दें। मृत्यु और नाश की इस निर्दय केमिस्ट्री को छनभर में खतम कर दें कि हम इन आँखें तरेरते सवालों से बच सकें। हम वह भूली हुई भाषा याद करते रहते हैं—एक पत्थर...एक पत्ती—एक शब्द।

अनाउंसर : *(झुनझुना हिलाकर)* हम सवालात पैदा करते हैं।

[झुनझुना हिलाकर]

जो समय और ऋतुओं का दर्पन दमकते हुए हीरों की तरह काट देते हैं। सवालात जो वीरान सड़कों पर छिपे हुए जालों की तरह बिछे रहते हैं। *(झुनझुना)* हम मृत्यु को निरुत्तर कर देते हैं।

[जोर से झुनझुना बजाती है।]

मृत्यु हमारे सिरहाने लोरियाँ गाती है। हम अपनी जानें खतरे में डाल सकते हैं, पेंशनें नहीं।

गांग

[अब बत्तियाँ बुझाई जा रही हैं। एक मिनट में पूरा अँधेरा हो जाता है; सिर्फ अनाउंसर एक फीकी फुट-लाइट में काली स्क्रीन के सामने दमकती रहती है।]

अनाउंसर : *(गम्भीर स्वर)* जीवन का संगमरमर, जीवन का हसीन संगमरमर, जीवन का घायल संगमरमर, खून बहाता हुआ संगमरमर—*(झुनझुना)*

[स्क्रीन के पीछे]

एक आवाज : यहाँ क्या हर वक्त पानी बरसता है। यह कैसी डरावनी घटा उमड़ रही है!

दूसरी : भीग जाएँगे। मर जाएँगे। हम इस तरह अपनी जानें खतरे

में नहीं डालेंगे।

तीसरी : तुम बिस्तर में ही रहो : तुम्हें जुकाम है, तुम्हें निमोनिया भी हो सकता है।

स्त्री की आवाज : नहीं निमोनिया तो बहुत साधारण है, क्यों क्या मुझे Pandy's Disease नहीं हो सकती?

एक आया की आवाज : बाबा! *(पुकारती है)* जान बाबा!! मशालती बाबा...तुम घर से कितनी दूर निकल जाते हो। मैं कब से तुम्हारा सूटर लिए तुम्हें ढूँढ़ रही हूँ।

स्त्री की आवाज : हम तो यहाँ खड़े-खड़े अकड़ गए, कितने जोर से पानी आया है। मेरे सारे बीज सड़ जाएँगे।

एक और आवाज : हमारी सबसे बड़ी ईजाद। काँच के बीज। इनको बार-बार नहीं बोना पड़ता। एक बार बोओ, हजार बार काटो। यह सड़ते नहीं? उगने से इनकार नहीं करते।

[अनाउंसर झुनझुना बजाती है]

अनाउंसर : सीसे के बीज काँच के बीजों से ज्यादा पायदार होते थे।

[रिक्शे की घंटी की आवाज]

रिक्शेवाला : बादलों ने सूरज की हत्या कर दी, सूरज मर गया। मैं दूसरे का बोझ ढोता हूँ। मेरे रिक्शे में आईने लगे हैं। मैं इन सब आईनों में अपना मुँह देखता हूँ। सूरज नहीं रहा। अब धरती पर आईनों का शासन होगा। आईने अब उगने और न उगने वाले बीज अलग-अलग कर देंगे।

थका अफसर : मैं एक थका हुआ अफसर हूँ *(ऊँघा हुआ-सा)* मैं ब...हु...त ...थ...क...गया हूँ। अन्धे कु...एँ...में जैसे एक-एक करके चीजें जमा हो जाती हैं। कुएँ की डोर...मरी हुई सूखी बिल्ली ...बेबी का जांघिया...टूटा कनस्तर...वैसे ही...वैसी ही... थकान मेरे अन्दर जमा हो गई है। एक अवसाद और अनेक थकान।

रिक्शेवाला : *(तेजी से)* आह, अफसर! आगे देखकर चलो। *(टकरा जाता है)* आह, तुमने मेरा एक आईना तोड़ दिया

[अनाउंसर हँसती है और झुनझुना बजाती है।]

स्त्री की आवाज : *(साधारण और अलसायी)* मैं ऊब गई हूँ। मेरा मन उचट गया। मैं सारा संसार मथूँगी, अपने अन्दर-बाहर सब मथूँगी। लेकिन चुपके-से, जैसे किसी को मालूम न हो। *(कुछ रुककर जैसे किसी ने कुछ कहा)* नहीं मेरी हँसी में न सूरज है न

चाँद। मुझे यह सब सोचने का वक्त नहीं है। मुझे बहुत कुछ करना है। *(धीरे से)* मुझे तुम्हें भी मथना है।

[कुछ अस्पष्ट आवाजें। अनाउंसर भी अपना झुनझुना हिला रही है। पर उससे कोई आवाज नहीं निकलती]

नहीं, नहीं, सँवारने का काम भी मेरा ही है। *(धीरे से)* मेरा सिर्फ काम है मथना, मथना, सृजन जिस बेरहम कानून से होता है, यह तुम जानो। आह, इस बालक के चेहरे पर तो झुर्रियाँ हैं। इसकी हँसी में तो मधुमक्खियाँ हैं।

[अनाउंसर हँसती है और झुनझुना बजाती है।]

उसी स्त्री की आवाज : *(तहज़ीबयाफ्ता)* सर्दी में आदमी की फीलिंग्ज भी जम जाती हैं। जानते हो तुम स्वीटहार्ट, इतनी देर से तुमने मुझसे जो कुछ कहा मैंने कुछ सुना ही नहीं। शब्द तो बड़े सुन्दर थे, बिल्कुल बच्चों की तरह।

एक मसरूफ पति : इसलिए तो मैं शराब पीता हूँ। मैं सोचता हूँ, अभी जाकर पीऊँगा। पीता जाऊँगा, पीता जाऊँगा जब तक कि मैं फिर से एक बच्चा न हो जाऊँ...फिर तब शायद मैं जो कहूँगा वह तुम्हें समझना ही पड़ेगा।

स्त्री की आवाज : देखो, तुम अपनी आत्मा मथते क्यों नहीं, तुम अपना शरीर क्यों नहीं मथते...

एक मसरूफ पति : (डरकर) नहीं, मैं यह सब नहीं करूँगा। तुम ऐसे गहरे गैररायज शब्द क्यों बोलती हो? मथना? मैं नहीं जानता कैसे, लेकिन यह जानता हूँ कि यह बात खूबसूरती से कही जा सकती है। नहीं, मैं एकबारगी शरीर को दिमाग के बन्धनों से अलग कर दूँगा। मैं लड़ूँगा, मैं शहीद हो जाऊँगा, मैं अजनबियों की भाषा बोलूँगा *(जैसे वह डूब रहा हो)* मैं सूरज का गला घोंट दूँगा। मैं...

[अनाउंसर हँसती है और झुनझुना बजाती है।]

एक परेशान स्त्री का स्वर : ओफ! तुम्हारा इन्तजार करते तो हम बूढ़े हो चले थे। यही तुम्हारा सात बजे आने का वायदा है? यह क्या? तुम्हारा चेहरा क्यों उतरा है? तुम क्या बीमार हो? डर गए हो कहीं? क्या बात है? तुमने कहीं कुछ देखा है?

मसरूफ पति : मैंने कुछ देखा है जरूर, लेकिन इस वक्त मालूम होता है, मैंने देखा नहीं, सिर्फ सुना है।

[अनाउंसर स्क्रीन से सटे हुए स्टूल पर बैठ जाती है।]

मैंने सुना कि इन बादलों से कोई निकलकर मुझसे बातें करने लगा। तपी हुई बेलाग बातें जैसे कोई मन-ही-मन घुटनेवाला आदमी पहली बार शराब पीकर करता है...

एक परेशान रमणी : तब तुमने क्या किया?

मसरूफ पति : मैंने, मैंने, कुछ नहीं किया। मैंने थोड़ी-सी शराब और पी ली और निर्मला के घर गया। ऐसे ही जरा दिल बहलाने।

एक परेशान रमणी की आवाज : किसका, अपना या निर्मल का? तुमने फिर शराब पी, तुम में कोई कैरेक्टर नहीं है, तुम आदमी से खींचे जानेवाले रिक्शे पर भी बैठ सकते हो...तुम तो लड़खड़ा रहे हो।

[रिक्शे की घंटी। अनाउंसर, हाथ का झुनझुना काली स्क्रीन से टिकाकर ऑडिटोरियम में बैठ जाती है।]

रिक्शेवाले! जल्दी से चलो, साहब की तबीयत ठीक नहीं है...

रिक्शावाला : *(घंटी बजाते हुए, जैसे अभी जगा है।)*

मसरूफ पति : वहाँ दूर ऊनी बादलों में।

रिक्शावाला : आहा, तुम भी वैसी ही बातें करते हो। अभी तो थके हुए अफसर ने उससे कहा कि यह अन्धा कुआँ नहीं है, यह रिक्शा है। मेरे रिक्शे में शीशे हैं। पागल आया ने मेरा एक शीशा तोड़ डाला। नहीं, नहीं।

परेशान रमणी : किससे कहा तुमने कि यहाँ कुआँ है।

रिक्शावाला : *(घंटी बजाते)* किसी से नहीं। मैं जरा कुछ सोचता-सा बहुत थक गया था, और सर्दी में कुछ सुन्न-सा हो गया था, अभी मैंने ऐसा देखा। एक अफसर मेरे पास आया, वह थका हुआ था, बेहद थका हुआ। कुछ सोचकर वह भी शायद बेहोश हो गया था।

एक परेशान रमणी : अच्छा आगे देखो...।

[रिक्शे की घंटी बजती है।]

परेशान रमणी : तुम निर्मला के घर गए थे, निर्मला ने मेरे बारे में कुछ कहा था, मुझे पूछा?

मसरूफ पति : *(स्वप्निल)* निर्मला ने कहा? निर्मला ने कुछ नहीं कहा। निर्मला ही तो बादलों में चली गई थी...तुमने सुना...निर्मला मुझे आज मालूम हुआ ऊनी बादलों में रहती है।

[अनाउंसर ऑडिटोरियम से लपककर झुनझुना बजा देती है। कुछ लड़के हँसते शोर मचा रहे हैं।]

थका हुआ अफसर : मैं अफसर हूँ, लेकिन थक गया हूँ। जवानी में मैंने हजारों

खोपड़े चटकाए हैं, अब सिर्फ उँगलियाँ चटकाता हूँ—कभी-कभी मजाक भी चटखा लेता हूँ। अंगरेजी जानते हो 'क्रैकअ' 'जोहक्' 'क्रैक अ' पिन।' *(लड़के हँसते हैं।)*

थका हुआ अफसर : अच्छा अब एक पहेली बूझो *(ताली बजाकर पटु लहजे में)* कॉलिज के बच्चो बूझो, क्या तुम ऐसी चिड़िया का नाम बता सकते हो जो उमड़ती निडर घटाओं के नीचे नाचती है, जिसके पर में आठ रंग होते हैं, पर जो कुत्ते की तरह भौंकती है।

एक लड़का : *(रुआँसा)* नहीं!

(थका हुआ अफसर खुशी से तालियाँ पीटकर नाचने लगता है) तुम नहीं बता सकते, मैं जानता था तुम नहीं बता सकोगे। मोर, मोर, मोर, तुम नहीं जानते। मोर...।

एक लड़का : *(कड़ककर)* लेकिन मोर भौंकते कहाँ हैं?

थका हुआ अफसर : यही तो भेद है, और नहीं तुम बूझ न लेते। और इसमें मजाक ही क्या था। *(अनाउंसर झुनझुना बजाती है। अबकी वह हँसती नहीं है।)*

परेशान रमणी : *(जैसे भौंककर)* मुझे मालूम मैंने तुमसे क्यों शादी की।

[रमणी हँस रही है, भयानक हँसी। अनाउंसर झुनझुना जोर-जोर से बजाती है। रमणी की हँसी धीरे-धीरे मधुर हो जाती है। अनाउंसर झुनझुना टिकाकर फिर ऑडिटोरियम में आकर बैठ जाती है। परेशान रमणी का स्वर और लहजा फौरन बदलकर शायराना और डूबा-डूबा-सा हो जाता है।]

मेरी तरफ देखो। तुमने कभी मेरे बारे में यह नहीं सोचा कि मैं बादल से निकलकर आई हूँ या बादलों में रह सकती हूँ। तुम निर्मला ही के बारे में यह बातें सोच सकते हो।

मसरूफ पति : मैं सोचता कहाँ हूँ। सुनता हूँ और देखता हूँ। मैं देखता हूँ, मैं सिर्फ देखता हूँ। मैं बहुत-सी बातें देख लेता हूँ। बाद में मेरी कोशिश यह रहती है कि जो भी मैंने देखा है, कोई भी खासकर तुम न देखो, और इसलिए जो मैं देख लेता हूँ—उसे फौरन तोड़ना चाहता हूँ। मैं तुमसे प्रेम जो करता हूँ।

परेशान रमणी : क्यों, अगर मैं देख लूँगी तो क्या होगा?

मसरूफ पति : *(बड़ी सहूलियत से)* नहीं, मैं चाहता हूँ कि तुम सिर्फ सुनो। तुम सुन लोगी तो मेरा अन्त हो जाएगा। बिल्कुल इस तरह।

[रिक्शा की घंटी जोर से बजती है]

परेशान रमणी : *(बिला डरे)* क्यों, तुम हमेशा इस तरह बात क्यों सोचा करते हो?

मसरूफ पति : क्योंकि मैं इतना डरा हुआ हूँ। तुमने ठीक कहा देखो, मैंने यह सुन लिया।

पागल आया : *(दूर से)* बाबा, जान बा...बा...मशालची बाबा। तुम खेलने बड़ी दूर चले जाते हो। तुम्हारे सूटर में कीड़े लग रहे हैं।

[पागल आया की आवाज से चौंक पड़ता है।]

मसरूफ पति : नहीं मुझे जरूर नाश करना चाहिए। मैं अपना डर दबा सकता हूँ, बहला सकता हूँ—भुला सकता हूँ—लेकिन मैं तो उसे उखाड़ फेंकना चाहता हूँ। क्या मुसीबत है। संसार में भय के नाश करने का मतलब है संसार का नाश करना।

परेशान रमणी : लेकिन तुम भय पैदा ही क्यों करते हो। मालूम होता है तुम सिर्फ भय-ही-भय खाते हो। तुम मुझे कुछ बतलाते क्यों नहीं?

मसरूफ पति : *(हिकारत से हँसते)* तुम जानती हो भय छोड़ देने से क्या होगा? तब मैं कुछ मिटा नहीं सकता, नाश नहीं कर सकता। मुझे बराबर सृजन करना होगा। *(रुआँसा होकर)* और तब हमारी आत्मा और शरीर के मंथन से जो निकलेगा वह हमें मार डालेगा। हमारा अन्त कर देगा। तुम बूढ़ी हो जाओगी, जीवन-क्रीड़ा नन्ही-सी रतन-जड़ी रिस्टवाच की तरह रुक जाएगी।

[रिक्शे की घंटी बजती है।]

परेशान रमणी : फिर भी!

मसरूफ पति : नहीं, मुझे नाश करना ही पड़ेगा। लड़ना पड़ेगा इस बेमसरफ, बेमानी और अनन्त शुरुआत के खिलाफ। एक-एक पत्ती एक-एक शब्द और एक-एक पत्थर के खिलाफ। *(एकबारगी जोर की आवाज जैसे रिक्शा ढेर होने को होता है। अनाउंसर जल्दी से जाकर झुनझुना उठा लेती है। उसे बजाती भी है लेकिन कोई असर नहीं होता। एक खासा गोलमाल हो जाता है। परेशान रमणी, मसरूफ पति, रिक्शेवाला सब एक साथ बोलते हैं या बीच में पागल आया की भी आवाज वही मशालची बाबा पुकारती हुई दूर से सुनाई देती है। अनाउंसर गांग देती है तब कहीं गोलमाल खत्म होता है।)*

थका हुआ अफसर : मैं बेहद थका हुआ हूँ। मेरा रोम-रोम चूर हो रहा है और

आपने इसे गिरा दिया और फिर मारा। मैं सीटी बजाता हूँ। देखता हूँ...उसे बजा सकता हूँ या नहीं।

परेशान रमणी : यह देखता नहीं था और मैं हमेशा देखती हूँ। यह देखता नहीं था।

मसरूफ पति : मैंने देखा और अपनी जीवन-संगिनी से बताया। मैंने उसे समझाया कि मेरे लिए मिटाना और नाश करना कितना जरूरी है। मैंने उसे कायल कर दिया कि बिला नाश किए बनाया जा ही नहीं सकता। *(अनाउंसर हँसती है और झुनझुना हिलाती है)*

थका हुआ अफसर : तुमने जरूर समझा दिया होगा और इस रिक्शेवाले का तुम नाश करना चाहते थे। तुमने क्या शब्द कहा था?

मसरूफ पति : *(बदला हुआ स्वर)* कौन? हम, नहीं। तुम हमको क्या समझते हो? हम क्या पागल हैं? यह आदमी देखता नहीं था। आगे देखकर नहीं गया, ठोकर लग गयी। मैं नाश करता हूँ।

रिक्शावाला : *(गर्व से)* नहीं हमको पीछे से ठोकर लगाई गई। मैंने रिक्शे के आईने में साफ देखा, शायद वह ठोकर अब तक आईने में दिखलाई दे रही हो।

थका हुआ अफसर : मैं सीटी बजाऊँगा। मैं अपनी बाकी ताक़त सीटी बजाने में सर्फ़ कर दूँगा।

परेशान रमणी
मसरूफ पति : नहीं, रुको। सीटी नहीं बजाओ। हमारी तरफ देखो।

परेशान रमणी : मैं कभी कुछ नहीं पैदा करती। *(मसरूफ पति)* मैं हरवक्त सोते-गाते देखता हूँ और रचता हूँ और कायम करता हूँ...

परेशान रमणी : बात यह है कि हमारे पति बड़े मसरूफ रहते हैं। कभी-कभी यह अपने दिमाग को आराम देने के लिए ऊटपटाँग बातें करने लगते हैं। बिलकुल पागल आया की तरह। *(बात टालने की कोशिश में)* पागल आया को आपने देखा है? उसने 200 किताबें लिखी हैं, वह कहती है। वह देखती नहीं है। वह सिर्फ ढूँढ़ती है। वह, यकीन मानें, सिर्फ ढूँढ़ती है न जाने क्या और कहाँ *(धीरे से)* लेकिन मुझे डर है, वह तुमको ही ढूँढ़ रही है।

थका हुआ अफसर : मुझे इससे कोई मतलब नहीं लेकिन आपने यह रिक्शा लिया। इस जाड़े-पाले ओले में इसे दौड़ाया और फिर धीरे या

लापरवाही से चलने पर अपनी ऊँची एड़ी से आपने इसे ठोकर मारी। यह गिर गया। शायद इसका एक पैर ही बेकार हो गया।...यह रचना और नाश करना दोनों है। तुमने एक रिक्शे का नाश किया और तुमने सौ पैदा किए।

मसरूफ पति : लेकिन मैंने ठोकर नहीं मारी, तुम यह कहोगे शायद।

परेशान रमणी : मैंने मारी, यह देखता नहीं था, यह क्यों नहीं देखता, यह रोज नहाता क्यों नहीं है। ओह, यह बहुत गन्दा है। *(गश-सा आ जाता है।)*

मसरूफ पति : अब तुमने देखा! देखने और न देखनेवाले में क्या फर्क है–*(बहुत धीरे)* आओ, हम इसकी सीटी का नाश कर डालें, इस अफसर का नाश कर डालें जल्दी। आओ, आओ, सौदा कर लें, फिर मैं तुम्हें बादलों में रहने की इजाजत दे दूँगा। मैं कभी *(सँभालते हुए)* तुम्हारी रची हुई कोई चीज नाश नहीं करूँगा।

थका हुआ अफसर : *(टोककर)* यह क्या घुसपुस कर रहे हो। आप जानती हैं कि एक कानून है जिसमें उन लोगों को सजा मिलती है जो जानवरों के साथ, खासकर सवारियों में जुतनेवाले जानवरों के साथ बेरहमी करते हैं। *(सीटी बजाता है)*

परेशान रमणी : *(गुस्से में)* तुम क्या इस आदमी को जानवर बना दोगे? यह रिक्शेवाला कोई बैल है या घोड़ा? *(अनाउंसर झुनझुना बजा देती है।)*

मसरूफ पति : *(जोशीली स्पीच)* मैं इसके खिलाफ लड़ूँगा। मैं आन्दोलन करूँगा। मैं मुल्कों से सुलह करूँगा और उन्हें तोड़ूँगा। मैं आलमगीर लड़ाइयाँ करूँगा, मैं कहर डालूँगा। देखो मैं क्या-क्या करता हूँ। मैं बड़ी-बड़ी लाइब्रेरियों में...आग लगा दूँगा। मैं शहरों और पर्वतों को स्याही की बूँद की तरह नक़्शे से पोंछ दूँगा। यह आदमी है, जानवर नहीं है। यह रिक्शेवाला अन्धा कुआँ है। मेरी बीवी बादलों में रहती है। पागल आया हम सबको बचाएगी।

पागल आया : *(पागल जोश में)* अहा मिल गया, बाबा, जानबाबा, मशालची बाबा, मिल गया लेकिन तुम घर से बहुत दूर निकल आए। तुम्हारा सूटर। *(पागल आया और मसरूफ पति दोनों सुबकने लगते हैं जैसे वही दोनों मिल गए हों।)*

मसरूफ पति, पागल : थका हुआ अफसर मर गया। रिक्शेवाले ने उसे मार डाला।

आया, परेशान रमणी अफसर मर गया, रिक्शेवाले ने उसे मार डाला अफसर ने... रिक्शेवाले को ठोकर लगाई थी। रिक्शेवाले ने अपने आईने से उसे मार डाला। यह जो सामने खड़ा है यह न थका हुआ है, न अफसर।

थका हुआ अफसर : *(जैसे वह एकबारगी सब भूल गया हो)* मेरे अन्दर घनी थकावट बस गई है। *(जैसे डूब रहा हो)* जिस तरह एक अन्धे कुएँ में *(छटपटाता-सा)* मरी हुई सूखी बिल्ली, चमकीली वारनिश के टीन...किताबों के वरक। *(गिर पड़ता है।)*

पागल आया : रिक्शेवाले ने कितना अच्छा नाश किया। मेरी ख्वाहिश है कि हम उसके स्टेचू बनाएँ। उसकी जाली ऑटोग्राफ बेचने के लिए कम्पनियाँ खड़ी करें।

लेकिन मशालची बाबा, तुम घर से कितनी दूर निकल आए हो और तुम्हारा सूटर कीड़ों ने खत्म कर दिया...।

एक आवाज : हमारे सबसे ताजी ईजाद काँच के सूटर। इनको सिर्फ ताँबे के कीड़े खा सकते हैं। *(कुछ रुककर)* हमारी इससे भी ताजी ईजाद ताँबे के कीड़े। यह बुलाने से बोलते और हँसते हैं... ताँबे के कीड़े *(रोशनी हो जाती है। अनाउंसर इठलाती हुई हँस रही है। झुनझुना वह कमरबन्द में अटका लेती है।)*

अनाउंसर : नहीं, अभी खत्म कहाँ हुआ? अभी तो दो मिनट का एक नाच-गाना और है। न जाने इस गाने से अन्त करने में नाटक लिखने वाले का क्या मतलब है? मेरी समझ से तो पूरे नाटक में ही कुछ हल नहीं होता। पूछे जाने पर नाटक लिखनेवाला कुछ ऐसा कहेगा कि जिन्दगी और नाटक का प्रॉबलेम शायद एक ही है—यानी लम्हे को मुकम्मिल कर देना। विरोध और विद्रोह को एक स्वर करना और उसमें एक केन्द्रीय महत्त्व यानी Central Significance हासिल करके उसका दर्शकों पर एक फीका असर उपजाना कि वह उनकी बुद्धि, विचार और नजर उकसाए।

लेकिन यह सब बेबात की बातें हैं। सभी न्यूराटिक इसी तरह की बातें करते हैं। मेरी समझ में इस नाटक का लेखक न्यूराटिक है। हमें जो रुचता नहीं, जो हमारे विचारों के साँचे में अँटता नहीं, उसे हम न्यूरसिस न कहें तो क्या कहें? इस पूरे नाटक में कोई मतलब नहीं है, वह हमें खाहमखाह भरम में डाल रहा है।

[झुनझुना निकालकर बजाती है और शर्माई हँसी हँसती है। स्क्रीन के पीछे से रिक्शावाला जो पैर में घुँघरू बाँधे है, दर्शकों को जोकरों की तरह हँसाने की कोशिश कर रहा है। (सर्कस के जोकरों की तरह न उपस्थित किया जाय) औरों के खड़े हो जाने पर वह आगे आकर अपना गाना और नाच शुरू कर देता है। गाना किसी भी भद्दी लय में गाया जा सकता है और नाच उछल-कूद से ज्यादा कुछ नहीं।]

रिक्शे वाले का गीत–

बीवी बोले नाहीं
बोले नाहीं
कुंडा खोले नाहीं
हम से बोले नाहीं
(सुरीली लय में)–उमड़ रही बरसात रे
(लहरे में)–बीवी बोले नाहीं, बोले नाहीं
बोले नाहीं, बोले नाहीं
बीवी बोले नाहीं...

[अनाउंसर लाल सिन्दूर होकर हँसी से लोट-पोट हो जाती है और बड़ी भली मालूम हो रही है।]

❑

रामकुमार वर्मा

डॉ. रामकुमार वर्मा का नाम हिन्दी के एकांकी नाट्य-प्रणेताओं में सर्वप्रथम है। उन्होंने ऐतिहासिक घटनाओं, पौराणिक सन्दर्भों, समसामयिक समस्याओं एवं जीवन दृष्टियों को अपने एकांकी-रचना का आधार बनाया। सामाजिकता एवं ऐतिहासिकता को एक-सी स्वाभाविकता के साथ नाटकीय रूप प्रदान कर लोगों को यथार्थ-दर्शन करा देना वर्माजी जैसे समर्थ एवं सफल रचनाकार के लिए ही सम्भव है।

वर्माजी का जन्म सागर जिले के एक सम्भ्रान्त परिवार में हुआ था। बचपन से ही इन्हें अभिनेता बनने का शौक था। इसी कारण वे आरम्भ से ही रंगमंच से जुड़े रहे। हिन्दी साहित्य में कवि, नाटककार, एकांकीकार और आलोचक के रूप में इनका प्रमुख स्थान है।

रचनाएँ

कविता–'वीर हमीर', 'चित्तौड़ की चिता', 'अंजलि', 'हिन्दी गीतिकाव्य', 'चित्ररेखा', 'आधुनिक हिन्दी काव्य', 'जौहर'।

एकांकी संग्रह–'पृथ्वीराज की आँखें', 'रेशमी टाई', 'चार ऐतिहासिक एकांकी', 'रूपरंग', 'कौमुदी महोत्सव', 'मयूर पंख', 'रजत रश्मि', 'ऋतुराज', 'बहुरंगी नाटक', 'इन्द्रधनुष' आदि।

नाटक–'शिवाजी', 'समुद्रगुप्त पराक्रमांक', 'चारुमित्रा', 'तैमूर की हार', 'औरंगज़ेब की आखिरी रात', 'नाना फड़नवीस', 'अशोक का शोक', 'कला और कृपाण', 'जौहर की ज्योति', 'महाराणा प्रताप', 'विजय पर्व', 'सागर स्वर', 'कुन्ती का परिताप', 'पृथ्वी का स्वर्ग' आदि।

आलोचना–'साहित्य समालोचना', 'कबीर का रहस्यवाद', 'हिन्दी साहित्य का आलोचनात्मक इतिहास' आदि।

वर्माजी के एकांकी उच्च मानवीय भावनाओं से परिपूर्ण हैं। इनके एकांकियों की पृष्ठभूमि भारतीय संस्कृति से ओत-प्रोत है। भारतीय आदर्शों का इतना कलात्मक चित्रण करने में डॉ. वर्मा के जोड़ का कोई भी ऐतिहासिक एकांकीकार हिन्दी साहित्य में नहीं है। मनोवैज्ञानिकता का समावेश कर पात्रों के चरित्र को उभारने की कला में डॉ. वर्मा अद्वितीय हैं। डॉ. नगेन्द्र उनके नाटकों के सम्बन्ध में इस प्रकार अपना विचार

व्यक्त करते हैं—

"रामकुमार के नाटकों का आधार प्रायः सामाजिक रोमांस है। उनके मूल प्रश्न भद्र परिवार के उच्च शिक्षित व्यक्तियों के रंगीन जीवन से सम्बन्ध रखते हैं। उनमें एक हल्का-सा रूप-मोह और तज्जन्य प्रेम का गुलाबी रंग है। इन प्रश्नों में हृदय की वृत्ति न हो, यह बात नहीं, परन्तु फैशन की चटक कुछ अधिक है। आधुनिक भद्र जीवन का प्रेम, ईर्ष्या, सन्देह, असन्तोष और दम्भ जिसमें शिक्षा ने पालिश कर दी है इन नाटकों में किसी न किसी रूप में मिलता है। जीवन की अनगढ़ वृत्तियों की सीधी तड़पन होने के कारण उनके परिणाम में यथार्थ नहीं है, उनका झुकाव एक नैतिक आदर्शवाद की प्रमुख शरण भूमि है।"

वर्माजी के एकांकी चारित्रिक द्वन्द्व प्रधान हैं। ऐसा प्रतीत होता है कि कुछ एकांकियों की रचना केवल चारित्रिक अन्तर्द्वन्द्व को दर्शाने के लिए ही की गई है। नारी के प्रति भी इनका दृष्टिकोण आदर्शात्मक है।

संवाद-शिल्प के स्तर पर वर्माजी के एकांकियों के सम्बन्ध में कहा जा सकता है कि वे उनकी निजी विशेषताओं को उजागर करनेवाले तथा कथ्य-कथानक की मूल आत्मा के सर्वथा अनुरूप हैं। उनमें संक्षिप्तता, स्वाभाविकता, भावपूर्णता और रोचकता आदि सभी शिल्पगत गुण देखने को मिलते हैं। फिर भी कई स्थलों पर लम्बे-लम्बे अखरने और उबानेवाले संवाद मिल जाते हैं, जिनसे कथा-प्रवाह में शिथिलता आ जाती है।

डॉ. वर्मा की एकांकी कला बहुमुखी रूप में विकसित हुई है। उन्होंने ऐतिहासिक, सामाजिक, साहित्यिक, वैज्ञानिक, पौराणिक, समस्या-प्रधान, भौतिक तथा हास्य-व्यंग्य पूर्ण एकांकियों की रचना की है। वे सभी प्रकार के एकांकियों की रचना करने में सफल रहे हैं, किन्तु ऐतिहासिक एकांकियों में उनकी प्रतिभा सबसे अधिक निखरी है। ऐसे नाटकों में उन्होंने इतिहास की भ्रान्तियों का निराकरण कर, उन्हें आधुनिक प्रासंगिकता में देखा है। जड़ीभूत रूढ़ियों पर प्रहार कर सामाजिकों को समाधान की कृष्ण छाया में बिठाया है। 'औरंगज़ेब की आखिरी रात' भी उसी प्रकार का एकांकी है, जिसमें जीवन भर साम्राज्य की लालसा पूर्ति के लिए रक्त-सम्बन्धों को भी दफ़न कर देनेवाले क्रूर औरंगज़ेब के व्यक्तित्व के मानवीय पहलू को उद्घाटित करने का प्रयास किया गया है। अन्तिम साँसें गिन रहे औरंगज़ेब को पश्चात्ताप की अग्नि में जलते हुए दिखाकर लेखक ने उसके आँचल पर लगे सगे-सम्बन्धियों के खून के बदनुमा दागों को धोने का प्रयास किया है। 'मैं और मेरी सल्तनत'—में ही जीवन की सार्थकता तलाशनेवाले औरंगज़ेब की मृत्यु-शय्या के पास सिवाय पुत्री के किसी की मौजूदगी नहीं। वह अकेले ही इस दुनिया से रुख़सत हो रहा है—इसके कारणों का एहसास तो उसे हो चुका है, पर पश्चात्ताप का समय नहीं है उसके पास। लेखक भौतिकता की अन्धी दौड़ में दौड़ते, सम्बन्धों की ऊष्मा को सोखनेवाली परिस्थितियों

का निर्माण करते मानव को अन्त समय में एकाकीपन, शून्यता और निरर्थकता बोध की पीड़ा झेलते हुए, मात्र पश्चात्ताप की अनुभूति मन में लिए संसार से विदा हो जाने के स्थान पर समय रहते अपनी सांसारिक ऐषणाओं पर लगाम तथा मानवीय सम्बन्धों एवं मूल्यों को तरज़ीह देने की अपनी दृष्टि को बड़ी साफ़गोई के साथ देश की युवा पीढ़ी के समक्ष रखना चाहता है। इसके लिए उसने इतिहास के पृष्ठों का अत्यन्त खूबसूरत माध्यम चुना है।

अपने अन्य ऐतिहासिक एकांकियों के समान प्रस्तुत एकांकी में भी वर्माजी ने भारतीय अतीत से एक मर्मस्पर्शी घटना का चयन करते हुए ध्यान रखा कि संकलन-त्रय का पूर्ण निर्वाह हो सके। कथावस्तु, काल तथा स्थान--तीनों का संकलन घटनाओं को ऐसा गुम्फित कर देता है कि वे केन्द्रित होकर एक ही दृश्य में सिमट जाती हैं। पात्रों का संयोजन घटनाओं के प्रवाह में हुआ है, पात्रों की चारित्रिक विशेषताओं को मनोवैज्ञानिक आधार देना वर्माजी की एकांकी कला की सर्वाधिक महत्त्वपूर्ण विशेषता है। सांस्कृतिक दृष्टिकोण से वे अपने क्षेत्र में प्रसाद और प्रेमचन्द के समकक्ष रखे जा सकते हैं क्योंकि उन्होंने भारतीय इतिहास के चरित्रों का विश्लेषण कर उनमें ऐसी प्राण प्रतिष्ठा की है, जो ऐतिहासिक सत्य से ओतप्रोत होते हुए भी जीवन के स्पंदन से सजीव है। प्रस्तुत एकांकी में वर्माजी ऐतिहासिक दायित्व को निभाते हुए प्रत्येक प्रसंग के नाटकीय क्षणों को चुस्ती के साथ प्रस्तुत करने में समर्थ हुए हैं।

औरंगज़ेब की आख़िरी रात

रामकुमार वर्मा

पात्र

आलमगीर औरंगज़ेब : मुगल सम्राट
जीनत उन्निसा बेगम : आलमगीर औरंगज़ेब की पुत्री
करीम : एक सिपाही
हकीम और कातिब

स्थान : अहमदनगर का किला
समय : 18 फरवरी, सन् 1707, रात्रि के चार बजे प्रातः

[बीजापुर और गोलकुंडा की शिया रियासतों पर विजय प्राप्त करने के बाद जब औरंगज़ेब ने मराठों का अन्त करने का निश्चय किया तो उसे अपनी असफलता स्पष्ट दीख पड़ने लगी।

उसने जब छत्रपति शिवाजी के पुत्र शम्भाजी को सपरिवार बन्दी बना लिया और उसके सामने इस्लाम धर्म में दीक्षित होने का प्रस्ताव रखा, तो शम्भाजी ने घृणा से उस प्रस्ताव को ठुकराते हुए औरंगज़ेब के प्रति अत्यन्त कटु शब्दों का व्यवहार किया। फलस्वरूप शम्भाजी का बड़ी निर्दयता से कत्ल किया गया। उसका कत्ल होते ही मराठों में क्रान्ति की ज्वाला भड़क उठी। सत्रह वर्षों तक भयंकर संघर्ष होता रहा। इधर मुगल सेना दिनों-दिन विलासी बन रही थी, फलस्वरूप प्रत्येक लड़ाई में उसे बहुत अधिक हानि उठानी पड़ती थी।

सन् 1706 में औरंगज़ेब ने देखा कि उसकी सेना अब अत्यन्त विशृंखलित और आलसी हो गई है। राज्य की आर्थिक दशा भी चिन्ताजनक हो रही है। लड़ाई की हानि 'जजिया' कर से भी पूरी नहीं हो रही है। जलालुद्दीन अकबर के समय से संचित आगरा और दिल्ली के किलों की समस्त सम्पत्ति दक्षिण की लड़ाइयों में समाप्त हो

चुकी है, तीन महीनों से सिपाहियों और सिपहसालारों का वेतन नहीं दिया गया है। राज्य की इस दुरवस्था के साथ वह अब वृद्ध हो गया है। पहले जैसी शक्ति अब उसके शरीर में नहीं रही। उसका विजय-स्वप्न निराशा में तिरोहित हो चला है। उसकी चिन्ताएँ उसे चैन नहीं लेने देतीं। अन्त में हताश होकर वह अहमदनगर लौट आया है। इस समय वह अहमदनगर के किले में बीमार पड़ा हुआ है। उसका शरीर टूट चुका है। उसे ज्वर और खाँसी है। इस समय उसकी अवस्था 89 वर्ष की है। एक साधारण से पलंग पर लेटा हुआ है। सिरहाने सफेद रेशम का तकिया है। जिसके दोनों बाजुओं में जरी की हल्की पट्टियाँ हैं।

वह एक सफ़ेद रेशम की चादर कमर तक ओढ़े हुए है। दुबला-पतला शरीर। कटी-छँटी सफ़ेद दाढ़ी। नाक लम्बी, किन्तु वृद्धावस्था के कारण कुछ झुकी हुई। वह सफ़ेद लम्बा कुरता पहने हुए है, जो रेशमी तनी से दाहिने कन्धे पर कसा हुआ है। गले में मोतियों की एक बड़ी माला पड़ी हुई है। जिसके मध्य में एक बड़ा नीलम जड़ा है। हाथ में तसबीह है।

आलमगीर की मुख-मुद्रा अत्यन्त मलीन और पश्चात्ताप से परिपूर्ण है। उसके दाहिनी ओर एक सुसज्जित पीठिका पर उसकी पुत्री जीनत उन्निसा बेगम बैठी हुई है। उसकी आयु 40 वर्ष के लगभग है। देखने में सौम्य और आकर्षक। वह नीले रंग की रेशमी सलवार और प्याजी रंग की ओढ़नी से सुसज्जित है। गले में रत्नों की माला है और कमर में मोतियों की पेटी कसी हुई है। उसके मुख पर भी भय और आशंका की रेखाएँ अंकित हैं।

कमरे में कोई विशेष सजावट नहीं है, किन्तु सारे वायुमंडल में एक पवित्रता है। पलंग के सिरहाने दो शमादानों में शमाएँ जल रही हैं। दूसरी ओर केवल एक है, जिससे आलमगीर की आँखों में चकाचौंध न हो। पलंग के दाहिनी ओर जीनत उन्निसा की पीठिका के समीप ही एक बड़ी खिड़की है, जिससे हवा का झोंका आ रहा है। उससे घने अन्धकार के बीच में आकाश के तारे दिखाई पड़ रहे हैं।

आलमगीर के सामने कोने की ओर सोने के पिंजड़े में एक पक्षी बैठा हुआ है, जो कभी-कभी अपने पंख फड़फड़ा देता है। पलंग से कुछ हटकर सिरहाने की ओर तिपाई है जिस पर दवा की शीशियाँ रखी हुई हैं, जिसमें गुलाबजल रखा हुआ है। उसके पास ही एक सोने का प्याला एक रेशमी कपड़े से ढँका हुआ है।

परदा उठने पर आलमगीर कुछ क्षणों तक बेचैनी से खाँसता है, फिर एक गहरी और भारी साँस लेकर शून्य की ओर देखता हुआ जीनत से कहता है–]

आलम : खाँसी...एक लमहे के लिए नहीं रुकती...कोई दवा उसे नहीं रोक सकती, जीनत! कोई दवा उसे नहीं रोक सकती...यह मौत की आवाज है। इसे कौन रोक सकता है? *(फिर खाँसता है)* ...मौत की आवाज!

जीनत : *(धैर्य के स्वरों में)* नहीं, जहाँपनाह! आपकी खाँसी बहुत जल्द अच्छी हो जाएगी। हकीमों ने...

आलम : *(बीच ही में)* हकीमों ने...हकीमों ने कुछ नहीं समझा। कुछ नहीं समझा उन्होंने, यह खाँसी कोई मर्ज नहीं है, बेटी! यह खाँसी सल्तनत के उखड़ने की आवाज है जो हमारे दम के साथ उखड़ना चाहती है। *(मुँह बिगाड़कर)* उखड़े! कहाँ तक रोकेंगे हम? *(खाँसता है)* कितने बलवाइयों को नेस्तनाबूद किया, कितने गदर रोके, लेकिन...लेकिन यह खाँसी नहीं रुकती, बेटी! रुके भी कैसे? *(शिथिल स्वरों में)* अब आलमगीर आलमगीर नहीं है।

जीनत : नहीं, जहाँपनाह! आज भी हिन्दुस्तान और दक्खन आपके इशारे पर बनता और बिगड़ता है! आपके तेवर देखकर अफगानिस्तान भी घुटने टेकता है। राजपूत, जाट, मराठे और सिक्ख आज भी आप से लोहा नहीं ले सकते!

आलम : लेकिन शिवाजी ले सकता था। हमारी थोड़ी-सी लापरवाही से वह हाथ से निकल गया। उसकी वजह से जिन्दगी भर परेशान रहा। लेकिन था बहादुर और दिलेर...खैर, 'काफिर व जहन्नम रफ्त' *(खाँसता है)* उसका बेटा शम्भाजी...*(रुक जाता है और गहरी साँस लेता है।)*

जीनत : छोड़िए इन बातों को, जहाँपनाह! ये बातें इस वक्त दिल और दिमाग दोनों को खराब करनेवाली हैं। आप जैसे ही अच्छे होंगे...

आलम : *(बीच ही में)* अब अच्छे नहीं हो सकते, जीनत! चन्द घड़ियों की जिन्दगी। कौन जाने कब खामोशी आ जाए! लेकिन बेटी! हमने एक दिन भी आराम नहीं किया। *(खाँसता है।)* एक दिन भी नहीं। राजपूत जैसी कौम पर हुकूमत करना जिन्दगी का आराम नहीं है। सबसे बड़ी मेहनत है। मराठों की हिम्मत पस्त करना जिन्दगी का सबसे बड़ा करिश्मा है—वह हमने किया, बेटी! वह हमने किया। लेकिन अब...अब हम कमजोर हो गए हैं। अब कुछ नहीं कर सकेंगे। *(ठंडी साँस लेकर कलमा पढ़ता है।)* ला इलाही इलल्लिाह, मुहम्मदुर्रसूलिल्लाह...

जीनत : आप सब कुछ कर सकेंगे, जहाँपनाह! अच्छा, अब आप यह खाँसी की दवा खा लीजिए *(दवा लेने के लिए उठती है।)* हकीम साहब दे गए हैं।

आलम : *(तीव्र स्वर में)* क्या हकीम साहब खुद नहीं आए?

जीनत : आए थे। बड़ी देर तक आपका इन्तजार करते रहे। आप होश में नहीं थे। वे थोड़ी देर के लिए बाहर चले गए हैं। उन्होंने अभी फिर आने को कहा है।

आलम : जो दवा वह दे गए हैं, वह उन्हें चखाई गई थी? *(खाँसता है।)*

जीनत : जी, मैंने भी चखी थी। दवा में किसी किस्म का शक नहीं है।

आलम : यह अहमदनगर है बेटी! शिया रियासत बीजापुर और गोलकुण्डा के करीब। दुश्मनी दोस्ती में छुपकर आती है। जिन्दगी में यह हमेशा याद रखो।

जीनत : आपका कहना सही है, जहाँपनाह! लेकिन दवा मैंने खुद चखकर देख ली है।

आलम : हमारे सामने नहीं चखी गई, जीनत! लेकिन खैर, कोई बात नहीं। दवा खाएँगे...लेकिन थोड़ी देर के लिए आराम, फिर वही तकलीफ। क्या करें, दवा खाकर। *(जोर से खाँसी आती है।)* ...अच्छा लाओ, खाएँ तुम्हारी दवा। आबेहयात से बढ़कर।

[आलमगीर हाथ बढ़ाता है। जीनत प्याले में दवा डालकर देती है। आलमगीर उसे हाथ में लेकर देखता है। सोचता हुआ एक बार रुकता है, फिर थोड़ी-सी पीता है।]

आलम : *(गला साफ कर)* पी ली तुम्हारी दवा बेटी! इस दवा में जायके के साथ तुर्शी भी है। हुकूमत का प्याला भी ऐसा ही होता है।

जीनत : लेकिन आपने सब तुर्शी जायके में तब्दील कर ली है।

आलम : नहीं, जीनत! मराठों ने ऐसा नहीं होने दिया। हम कुराने पाक की कसम खाकर कहते हैं कि हम मराठों का नामोनिशान मिटाने में अपनी सारी सल्तनत की बाजी लगा देते, लेकिन...लेकिन अब वह हौसला नहीं रह गया। कमजोरी और बुढ़ापे ने हमें बेबस कर दिया हैं। *(ठहरकर)* हमारे बहुत से काम अधूरे पड़े हैं। काश, हमारी जिन्दगी के दिन अभी...खत्म न होते...!

जीनत : *(उत्साह से)* अभी आप बहुत दिनों तक सलामत रहेंगे, आलमपनाह!

आलम : *(विह्वल होकर)* ओह, फिर एक बार कहो, जीनत! हम यह बात फिर से सुनना चाहते हैं। ओफ़्, अगर हमारी जिन्दगी के दिन अभी खत्म न होते! हम एक बार फिर शमशीर लेकर मैदाने-जंग में जाते, बागियों से कहते—कमबख्तो! आलमगीर कमजोर नहीं है। उनकी तलवार में अब भी चिनगारियाँ हैं। घुटने टेककर गुनाहों की माफी माँगो, नहीं! काफिरो, दोजख का रास्ता खून की नहर से है। हमारी शमशीर से कटो और दोजख में दाखिल... *(आवेश में खाँसी रुकने पर भारी साँस लेता है।)* दोजख...में दाखिल...हो...!

जीनत : आप आराम करें, जहाँपनाह! नहीं तो आपकी तबीयत और खराब हो जाएगी।

आलम : इससे ज्यादा और क्या खराब होगी, जीनत! जब हम मौत के दरवाजे

पर खड़े होकर दस्तक दे रहे हैं। चाहे जब खुल जाए! और आलमगीर के लिए जल्दी ही खुलेगा। देर नहीं हो सकती। मौत भी डरती होगी कि देर हो जाने से कहीं आलमगीर सजा न दें। *(खाँसी)* जिन्दगी भर सजा! सजा! *(रुकते हुए)* अब्बाजान...को...भी...आँजहानी शाहेजहाँ की... *(सोचता है।)*

जीनत : आलमपनाह! तजकिरे न उठाएँ।

आलम : *(भौंहों में बल देकर)* क्यों न उठाएँ? जिन्दगी भर गुनाहों का बोझ उठाया है तो मरते वक्त उसका तजकिरा भी न उठाएँ? लेकिन जीनत! हमने सैकड़ों बार अपने दिल को दिलासा देने की कोशिश की। हमने गुनाह कहाँ किए? कुराने पाक की रूह से, शरअ से इस्लाम का नाम दुनिया में बुलन्द करने के लिए–जिहाद के लिए, जो काम हमने किए, क्या उनका नाम गुनाह है? काफिरों को जहन्नुम रसीद किया...क्या यह गुनाह है? उपनिषद् पढ़नेवाले दारा से सल्तनत छीनी...क्या यह गुनाह है? नमूना-ए-दरबार-ए-इलाही में क्या मुझसे गुनाह हुए? आलमगीर-जिन्दा पीर! ...लेकिन कोई आवाज कानों में कहती है कि आलमगीर! तूने इस्लाम का नाम लेकर दुनिया को धोखा दिया है। तूने इस्लाम की हिदायतों को नहीं समझा। जीनत! तू *(तू पर जोर)* बतला, यह आवाज ठीक है? क्या हमने इस्लाम के उसूलों को गलत समझा?

जीनत : *(शान्ति से)* आपसे कोई गलती नहीं हुई, जहाँपनाह!

आलम : *(शून्य में देखता हुआ)* हजारों सतनामियों को कत्ल किया–दारा, शुजा, मुराद को तख्ते-ताऊस का हक नहीं दिया और बाप को सात बरस तक ...लम्बे सात बरस तक!

जीनत : लेकिन आलमपनाह! अगर गौर से देखा जाए तो शहंशाहे शाहजहाँ को नजरबन्द करना गलत नहीं कहा जा सकता। अपनी पीरी में ये अपनी आँखों से अपने बेटों का मजार देखते! क्या उन्हें तकलीफ न होती? आपने उन्हें उस तकलीफ से बचा लिया!

आलम : लेकिन उस तकलीफ के पैदा करने का जिम्मा किसका है? हमारा। हमने ही लाहौर में दारा की कब्र बनवाई। हमने ही आगरा में मुहम्मद को भेजकर अब्बाजान का महल कैदखाने में तब्दील कराया...! उस दास्तान को तुम जानती हो?

जीनत : जहाँपनाह! मुझसे वह दर्दनाक दास्तान क्यों दुहरवाना चाहते हैं! आप आराम कीजिए। आपकी तबीयत ठीक नहीं है।

आलम : तो हम ही वह दास्तान कहेंगे जो हमने मुहम्मद से सुनी। *(शून्य में देखते हुए)* आधी रात थी...कमरे में सिर्फ एक शमा जल रही थी...दूसरी शमा

शहंशाह की आँखों में झिलमिला रही थी। वह चारपाई पर तस्वीरे-संग की तरह लेटे हुए थे। उनकी पथराई आँखें दूर पर दिखाई देनेवाले ताजमहल पर जमी हुई थीं...हल्की चाँदनी थी। शहंशाह ने जहाँआरा से कहा–''जहाँआरा आलमगीर से पूछो। वह हमारी तरह ताजमहल को तो कैद नहीं करेगा...?''

जीनत : *(आग्रह के स्वर में)* जहाँपनाह!...

आलम : *(उसी स्वर में)* बादशाह की जबान तालू से सट गई थी...गला सूख रहा था। गहरी और सर्द साँस लेकर उन्होंने फरमाया–''मुमताज, हमारी बेगम! ताज हमें पत्थरों से नहीं, आँसुओं से बनवाना चाहिए था!...काश यह मुमकिन हो सकता।''

जीनत : *(सहानुभूति के साथ)* उन्हें बहुत तकलीफ थी, आलमपनाह! लेकिन इस वक्त यह सब सोचना ठीक नहीं है। रात ज्यादा बीत रही है।

आलम : *(चौंककर तसबीह करते हुए)* क्या कहा? रात ज्यादा बीत रही है? आज हमारे लिए भी शायद वही मौत की रात है, लेकिन हमारे सामने कोई ताजमहल नहीं है। *(ठहरकर)* हम इस लायक हैं भी नहीं, जीनत! जिन्दगी में हमने कुछ नहीं किया, सिर्फ लड़ाइयाँ ही लड़ी हैं। उन्हीं में हमने फतह हासिल की है, लेकिन आज...आज जिन्दगी में हमें शिकस्त ही मिली...भारी शिकस्त! हमने अब्बाजान को कैद नहीं किया, इस आख़िरी वक्त में अपने चैनो-सुकून को ही कैद किया! आज इतने बरसों के बाद अब्बाजान की चीख हमारे कानों में आ रही है...प्यास से उनका गला सूख रहा है। उनकी आवाज में कितना दर्द है...तुम सुन रही हो? उनकी हसरत-भरी निगाहों की टक्कर से ताजमहल जैसे चूर-चूर होने जा रहा है!

जीनत : *(अत्यन्त सान्त्वना के स्वर में)* जहाँपनाह! कहीं कुछ नहीं है। आप सोने की कोशिश कीजिए! जो कुछ हुआ उसे भूल...

आलम : *(बीच ही में)* नहीं भूल सकते, जीनत! हमने अपनी सल्तनत के इमारत की नींव में रूह दफन कर खड़ी की है। आज रूह तड़पकर करवट लेना चाहती है। वह चीख रही है। तुम उसकी आवाज भी नहीं सुनना चाहतीं?

जीनत : जहाँपनाह, खुदा को याद कीजिए। सोने की कोशिश कीजिए। रात आधी से ज्यादा बीत चुकी है।

आलम : जिन्दगी उससे ज्यादा बीत चुकी है! *(नेपथ्य की ओर उँगली उठाकर)* देखती हो यह अँधेरा? कितना डरावना, कितना खौफनाक! दुनिया को अपने स्याह परदे में लपेटे हुए है। गोया यह हमारी जिन्दगी हो। इसमें

कभी सुबह नहीं होगी, जीनत! अगर होगी भी तो वह इसके काले समुन्दर में डूब जाएगी। इस अँधेरे में सूरज भी निकले तो वह स्याह हो जाएगा! *(रुककर)* ओह...कितना अँधेरा है, खुदा! हमने तेरा नाम लेकर सल्तनत पर कब्जा किया, तेरा नाम लेकर औरतों और बच्चों को कैद किया, वे सब तेरे बच्चे! तेरे बन्दों पर एतबार नहीं किया। तेरा नाम लेकर...कुरान की कसम खाकर मुराद...भाई मुराद से सुलह की और फिर...और फिर...उसका खून!...

[खाँसी आती है और फिर निश्चेष्ट हो जाता है।]

जीनत : *(घबराहट के स्वरों में)* जहाँपनाह! जहाँपनाह! *(फिर पुकार कर)* करीम! करीम!

[करीम सिपाही का प्रवेश। वह अदब से सलाम करता है।]

जीनत : *(आदेश के स्वरों में)* हकीम साहब को फौरन यहाँ आने की इत्तला करो। बादशाह सलामत की तबीयत खराब होती जा रही है। फौरन जाओ। हकीम साहब अमीरों के दूसरे कमरे में होंगे। फौरन!

करीम : जो हुक्म! *(अदब के साथ सलाम कर प्रस्थान)*

[जीनत के मुख पर घबराहट के चिह्न और स्पष्ट हो जाते हैं। वह एक पंखे से हवा करती है। आलमगीर होश में आता है। धीरे-धीरे अपनी आँखें खोलकर जीनत को घूरकर देखता है।]

आलम : *(काँपते हुए स्वर में)* कौन...? अब्बाजान! *(आँखें फाड़कर)* तुम? तुम जीनत हो? अब्बाजान कहाँ गए? अभी तो यहाँ आए थे। *(सोचता हुआ)* जर्द था उनका चेहरा। आँखों में आँसू थे। *(ठंडी साँस लेकर)* इतने बड़े शहंशाह की आँखों में आँसू? उन्होंने हमारे सामने घुटने टेक दिए और कहा--"शहंशाहे आलमगीर! हमें हमारा बेटा औरंगज़ेब वापस कर दो...उसे हमें वापस कर दो...!" *(कुछ ठहरकर)* लेकिन जीनत! वह बेटा कहाँ है? उसने तो अपने अब्बाज़ान को कैद किया है। *(इसी समय कमरे में टँगा हुआ पक्षी अपने पंख फड़फड़ा उठता है। आलमगीर उसकी तरफ चौंककर देखता है।)* ...और यह परिन्दा अपने पर फैलाकर हमसे कुछ कह रहा है? क्या कहेगा? इसे भी तो हमने सोने के पिंजड़े में कैद किया है! *(जीनत की ओर आग्रह से)* जीनत! इस पिंजड़े का दरवाजा खोल दो! *(जीनत पिंजड़े का दरवाजा खोलती है।)* उसे निकालो! *(जीनत परिन्दा पकड़कर निकालती है।)* उड़ा दो उसे। *(जीनत उसे खिड़की से बाहर उड़ा देती है। आलमगीर उसके उड़ने की दिशा में कुछ देर देखकर सन्तोष की गहरी साँस लेता है।)* आ...जा...द! *(कुछ रुककर)* हम अब्बाजान को इस तरह आजाद नहीं कर सके! हिन्दुस्तान के बादशाह

को इस परिन्दे की किस्मत भी नसीब नहीं हुई!

जीनत : लेकिन आलमपनाह! बादशाह तो न जाने कब के दुनिया की कैद से निकलकर आजाद हो गए। अब किस बात का मलाल है? आप अपनी तवीयत सँभालिए, मैंने हकीम साहब को बुलवाया है। वे आते ही होंगे।

आलम : *(जीनत की बात जैसे उन्होंने सुनी ही नहीं)* परिन्दे की किस्मत...बादशाह की किस्मत नहीं हो सकी! ...इस अँधेरे में उस परिन्दे की किस्मत जागी है। वह खुश होकर शोर कर रहा है। बचपन में दारा भी इसी तरह शोर करता था। *(रुककर)* कुछ वैसी ही आवाज आ रही है। *(सुनते हुए)* वह देखो। यह आ रही है *(रुककर)* लेकिन यह आवाज कैसी है! इस खौफनाक अँधेरे में यह आवाज जैसे मुँह फाड़कर खाने को दौड़ रही है। यह आई! जीनत यह आवाज सुनती हो?

जीनत : *(आश्चर्य से)* कैसी आवाज? कौन-सी आवाज जहाँपनाह?

आलम : *(आँखें फाड़कर)* अरे, इतने जोर से आवाज आ रही है और तुम्हें सुनाई नहीं पड़ती? यह देखो *(सुनते हुए)* फिर आई! यह हर लमहे तेज होती जा रही है, जीनत! *(पुकार कर)* जीनत! यह आवाज! *(चीखकर)* वह खौफनाक...आवाज!

जीनत : *(धैर्य के स्वर में)* कोई आवाज नहीं है, जहाँपनाह! आपकी तबीयत में घबराहट है। इसी वजह से ऐसा खयाल पैदा हो रहा है। *(विश्वासपूर्वक)* कहीं कोई आवाज नहीं है। आप अपने को सँभालने की कोशिश करें!

आलम : *(घबराहट से कुछ उठकर)* नहीं, नहीं, यह आवाज बराबर आ रही है। कोई चीख रहा है। *(संकेत कर)* यह देखो! अँधेरे में यह कौन झाँक रहा है? कौन? *(जोर से)* कौन? *(पुकारकर)* सिपहसालार?

जीनत : *(समीप होकर)* कोई नहीं है, जहाँपनाह! सिपहसालार की जरूरत नहीं है!

आलम : *(घबराहट से भर्राए हुए स्वर में)* वह खिड़की के पास कौन है? *(संकेत करते हुए)* कराहता हुआ; चीखता हुआ! ओह, उसने फिर चीख भरी, अरे दारा!...*(काँपता हुआ)* दारा! तुम हो? हमने तुम्हारा खून नहीं किया! हमने नहीं किया, दारा! हुसेन खाँ जबरदस्ती तुम्हारे कमरे में घुस आया। हमने उसे हुक्म नहीं दिया था। और...और...*(काँपकर)* तुम्हारा सर कहाँ है, दारा? तुम्हारा सर किधर गया? *(आलमगीर उठ खड़ा होता है। फिर लड़खड़ाते हुए)* हम खोज कर लाएँगे। हम अभी खोज कर लाएँगे। *(हाथ फैलाते हुए)* तुम्हारा इतना खूबसूरत सर!

[जीनत उसे रोककर फिर पलंग पर लिटा देती है। आलमगीर अचेत हो जाता है।]

जीनत : *(अपने आँचल से अपने माथे का पसीना पोंछते हुए)* जहाँपनाह!...

[करीम का प्रवेश]

करीम : *(अदब से सलाम करके)* शहजादी! हकीम साहब तशरीफ लाए हैं।

जीनत : *(शीघ्रता से)* फौरन उन्हें अन्दर भेजो, इसी वक्त!

करीम : *(सलामकर)* जो हुक्म! *(शीघ्रता से प्रस्थान)*

जीनत : *(कम्पित स्वर में आँखों में आँसू भरकर)* क्या जानती थी कि अहमदनगर में यह सब होगा! या खुदा! *(आलमगीर को चादर उढ़ाती है।)*

[हकीम साहब का प्रवेश। लम्बी दाढ़ी, काला चोगा, सर पर अमामा, सफेद पैजामा और जरी के जूते। साथ में दवाओं का एक सन्दूकचा। बादशाह को अदब से सलाम करने के बाद जीनत को सलाम करता है।]

जीनत : *(कम्पित स्वर में)* आलमपनाह को होश नहीं है, हकीम साहब! *(उठकर हकीम के पास आती है)* आज रात को आलमपनाह की तबीयत बहुत ही खराब रही। जाने उन्हें क्या हो गया! जागते हुए ख्वाब देखते हैं और चीख उठते हैं! एक लमहा उन्हें चैन नहीं है। *(करुण स्वरों में)* अब आप ही मेरे नाखुदा हैं। तबीयत घबराती है। जहाँपनाह को अच्छा कर दीजिए; जल्द अच्छा कर दीजिए।

हकीम : जहाँपनाह को होश नहीं है। *(गम्भीर और सान्त्वना के स्वरों में)* घबराइए नहीं, शहजादी! खुदा पर भरोसा रखिए। वह चाहेगा तो इंशाअल्लाह बादशाह सलामत बहुत जल्द अच्छे हो जाएँगे। देखिए, मैं दवा देता हूँ, बादशाह सलामत अभी होश में आए जाते हैं। घबराने की कोई बात नहीं।

जीनत : *(विकृत स्वर में)* मेरी समझ में कुछ नहीं आता कि मैं क्या करूँ।

हकीम : इत्मीनान के साथ आप बादशाह सलामत को पंखा झलें। मैं उन्हें होश में आने की दवा देता हूँ।

[हकीम अपने सन्दूकचे में से एक डिबिया निकालता है। जीनत पंखा झलती है।]

हकीम : *(डिबिया का ढक्कन खोलते हुए)* अब बादशाह सलामत की खाँसी कैसी है?

जीनत : खाँसी में बहुत आराम है। पहले तो वे हर बात कहने में खाँसते थे। आपकी दवा से उनकी खाँसी बहुत कुछ रुक गई, लेकिन घबराहट बहुत ज्यादा बढ़ गई है। *(पंखा झलती है।)*

हकीम : घबराहट भी दूर हो जाएगी। *(आलमगीर की नाक के समीप बहुत आहिस्ते से डिबिया ले जाता है।)* अभी जहाँपनाह को होश आता है।

आप सब्र करें।

जीनत : उनकी बेचैनी देखकर तो मैं बिलकुल ही घबरा गई थी। मैंने बड़ी मुश्किल से अपने को काबू में रखा। अगर मैं भी घबरा जाती तो फिर इधर था ही कौन?

हकीम : जहाँपनाह की खिदमत करना मेरा पहला फर्ज है।

जीनत : इसलिए ही तो मैंने आपके पास फौरन खबर भेजी।

हकीम : मैं खबर पाते ही हाजिर हुआ। *(आलमगीर पर गहरी नजर डालकर)* देखिए, बादशाह सलामत को होश आ रहा है। पंखा जरा धीमा करें।

[आलमगीर के ओठों में कुछ स्पन्दन होता है, जैसे वे कुछ कहना चाहते हैं। फिर हल्की अँगड़ाई लेकर आँखें खोलते हैं। जीनत और हकीम के मुख पर प्रसन्नता की झलक।]

जीनत : *(उत्साह से)* होश आ गया! होश आ गया!

हकीम : बादशाह सलामत को आदाब अर्ज करता हूँ। *(दरबारी ढंग से सलाम करता है।)*

आलम : *(धीमे स्वर में)* पा...नी!

[जीनत शीघ्रता से सुराही में से गुलाबजल निकालकर आगे बढ़ाती है।]

जीनत : जहाँपनाह! यह पानी...

[आलमगीर उठने की कोशिश करता है। हकीम उसे उठने में सहारा देता है। आलमगीर पानी पीने के लिए झुकता है। लेकिन दूसरे क्षण रुक जाता है।]

आलम : *(प्रश्नसूचक स्वर में)* यह कौन-सा पानी है?

जीनत : *(नम्रता से)* वही गुलाबजल है, जो आपके लिए खासतौर से तैयार किया गया है।

आलम : *(सन्तोष से)* लाओ। *(एक घूँट पीकर...घबराकर)* हमारी तसबीह कहाँ है?

जीनत : *(पलंग से तसबीह उठाकर)* यह है, जहाँपनाह!

आलम : *(लेटे हुए)* हमेशा मेरी जिन्दगी के साथ रहनेवाली...*(फिर एक घूँट पानी पीकर हकीम साहब को घूरते हुए)* तुम कौन हो? *(एक क्षण बाद जैसे स्मरण करते हुए)* शायद...हकीम...साहब?

हकीम : *(सलाम करते हुए)* जी, जहाँपनाह!

आलम : *(कातर स्वर में)* हमारी हालत बहुत खराब है, साहब? अब शायद हम न बचेंगे। *(ठंडी साँस लेता है।)*

हकीम : ऐसी बात न फरमाएँ, जहाँपनाह! बुखार आपका अब दूर हो ही गया, सिर्फ कमजोरी और खाँसी है। खाँसी भी अब अच्छी हो चली है और

कमजोरी भी इंशाअल्लाह दूर हो जाएगी।

आलम : तो जिन्दगी भी दूर हो जाएगी, हकीम साहब! इस वक्त हमारे लिए कमजोरी और जिन्दगी दो अलग-अलग चीजें नहीं हैं! एक दूर होगी तो दूसरी भी दूर हो जाएगी। और आलमगीर कमजोर होकर जिन्दा नहीं रहेंगे।

हकीम : *(अदब से)* आलमपनाह आप वजा फरमाते हैं। *(हकीम यह बात आदत से कह देता है लेकिन अपनी गलती महसूस करने पर घबराहट से)* लेकिन इसे सही नहीं मानना चाहिए, आलमपनाह! *(यह सोचकर कि उसे यह भी नहीं कहना चाहिए, वह और घबराकर कहता है)* ...मैं क्या अर्ज करूँ...कुछ जवाब नहीं दे सकता। *(हाथ मलते हुए सर झुका लेता है।)*

आलम : *(गम्भीरता से)* जीनत? हकीम साहब से कहो कि वे हमें बेहोशी की दवा दें।

जीनत : *(बात बदलने के विचार से)* इन्हीं की दवा से तो आप होश में आए हैं, जहाँपनाह!

आलम : *(गम्भीर किन्तु रुकते हुए स्वरों में)* लेकिन जीनत! इस होश से हमारी बेहोशी अच्छी है। गुनाहों की याद अब बरदाश्त...*(रुककर, चौंककर, अपनी बात पलटते हुए)* हकीम साहब, कमजोरी की हालत अब बर्दाश्त नहीं होती। ऐसी दवा दीजिए कि बेहोशी का आलम रहे। *(रुककर)* आपके पास शराब छोड़कर कोई ऐसी दवा है?

हकीम : जहाँपनाह! आपकी कमजोरी बहुत जल्द रफा हो जाएगी!

आलम : *(तीव्रता से)* हमारे सवाल का जवाब दीजिए, हकीम साहब आपके पास शराब को छोड़कर कोई ऐसी दवा है?

हकीम : *(घबराकर हकलाते हुए)* ऐसी दवाएँ तो बहुत हैं आलमपनाह! लेकिन आपको—अपने जहाँपनाह को कैसे दे सकता हूँ? ये दवाएँ आपके लिए नहीं आलमपनाह!

आलम : *(आँखें फाड़कर)* आलमपनाह के लिए नहीं हैं? कौन-सी दौलत है जो आलमपनाह के लिए नहीं है? इस वक्त बेहोश हो जाने की दवा हमारे लिए सबसे बड़ी दौलत है! हकीम साहब! हकीम साहब! हम इस वक्त वही चाहते हैं!

जीनत : *(भृकुटी-संचालन के साथ)* हकीम साहब! आपके पास एक ऐसी दवा भी तो है जिसमें थोड़ी देर की बेहोशी के बाद सारी कमजोरी दूर होकर तबीयत में ताजगी आती है!

[घूरकर देखती है।]

हकीम : *(सँभलकर)* हाँ, हाँ, एक ऐसी दवा मेरे पास है। मेरे वालिद साहब ने

मुझे वह नुसखा देकर कहा था कि जब सब दवाएँ बेकार साबित हों तब उसका इस्तेमाल किया जाए। *(हिचकते हुए)* मैं अभी उसका इस्तेमाल नहीं करना चाहता था।

जीनत : *(आलमगीर से)* और जहाँपनाह! इस वक्त वह दवा न खाई जाए तो बेहतर होगा। सुबह होने में ज्यादा देर नहीं है। और अजान का वक्त करीब आ रहा है! आप खुदा की इबादत न कर सकेंगे। अभी वह दवा रहने दें।

आलम : यह बात ठीक कह रही हो, बेटी! अच्छा, अभी वह दवा रहने दीजिए, हकीम साहब! आप अजान होने के वक्त तक दूसरी दवा दे सकते हैं।

हकीम : बसरोचश्म। *(शहजादी से)* शहजादी! आप मुझे एक प्याला इनायत फरमाएँ, मैं कमजोरी दूर करने की दवा अभी पेश करूँ।

जीनत : *(प्याला उठाकर)* यह लीजिए।

हकीम : *(अपने सन्दूकचे में से एक दवा निकालते हुए)* खुदा चाहेगा तो आपको फौरन आराम होगा। सितारों की नहूसत दफा होगी। *(प्याले में दवा डालते हुए)* आलमपनाह! हमीदुद्दीन खाँ ने तो सितारों की नहूसत दूर करने के लिए 4000 रुपयों का एक हाथी आलमपनाह पर तसद्दुक कर दिया होगा?

आलम : *(गम्भीर स्वर में)* नहीं। जुमेरात को हमें हमीदुद्दीन खाँ ने नुजूमियों के कहने के मुताबिक तसद्दुक करने के बारे में एक दरख्वास्त जरूर पेश की थी, लेकिन हमने उस दरख्वास्त में यह बढ़ा दिया कि यह तो अंजुलपरस्तों का रिवाज है। इसके बजाय 4000 रुपये काजी को गुरबा में तकसीम करने के लिए दे दिया जाए।

हकीम : *(उत्साह से आँखें चमकाकर)* आलमपनाह ने क्या बात कही है! अब तो सितारों की नहूसत दूर होने में कोई अन्देशा भी नहीं रह गया और मुझे भी यह कामिल यकीन है कि यह अरक आपको ऐसी ताकत देगा कि आप तन्दुरुस्त होकर अपनी रिआया के दर्दोग़म को दूर करते हुए सौ साल तक सलामत रहेंगे।

आलम : *(सोचते हुए)* सौ साल तक! यानी ग्यारह दिन भी जिन्दा नहीं रहेंगे। बेटों को भी तो बादशाहत करने का मौका मिले। हमारे बेटे! *(सोचता हुआ)* मुअज्जम...आजम...कामबख्श...

हकीम : *(दवा का प्याला सामने करते हुए)* यह सही है, आलमपनाह! लेकिन मुझे भी अपनी खिदमत करने का मौका दें। मैंने अपनी हिकमत की बेहतरीन दवा आलमपनाह के रूबरू पेश की है।

आलम : *(जीनत से)* अच्छा, जीनत! यह दवा रख लो। इसे हम नमाज के बाद

पिएँगे। अब आप तशरीफ ले जा सकते हैं।

[जीनत दवा का प्याला ले लेती है।]

हकीम : *(सिर झुकाकर)* जो जहाँपनाह का हुक्म। लेकिन एक गुजारिश है।

आलम : क्या? हम सुनेंगे।

हकीम : *(हाथ जोड़कर)* आलमपनाह कुछ न सोचें, कोई गुफ्तगू न करें। इस वक्त आराम करना खुद एक मुफीद दवा होगी। सुबह होते ही आलमपनाह की तबीयत अच्छी मालूम होगी।

आलम : अच्छी बात है; हम कुछ न सोचेंगे। कोई गुफ्तगू न करेंगे। लेकिन हम अपने बेटों को खत तो लिखवा सकते हैं? *(सोचकर)* वही करेंगे। हकीम साहब! अब आप तशरीफ ले जाइए। हमें अपने बेटों की याद आ रही है।

हकीम : जो हुक्म। *(बादशाही अदब के अनुसार सलाम करके प्रस्थान।)*

आलम : *(सोचते हुए)* हकीम साहब कहते हैं कि हम कुछ न सोचें, कोई गुफ्तगू न करें, सुबह होते ही तबीयत अच्छी मालूम होगी।...लेकिन! हम जानते हैं कि हमारी तबीयत अच्छी नहीं होगी। हमने अपनी कश्ती समन्दर में छोड़ दी है। अब साहिल दूर होता जा रहा है।

जीनत : तबीयत में घबराहट होने की वजह से आलमपनाह ऐसा फरमा रहे हैं। अब आपकी तबीयत अच्छी होने जा रही है। हकीम साहब की दवा बहुत मुफीद साबित हुई हैं। देखिए, आपकी खाँसी को कितना फायदा पहुँचा है।

आलम : *(जोर देकर)* तुम नहीं समझीं, जीनत! जिस तरह सुबह होने से पहले रात और भी सुनसान व खामोश हो जाती है, उसी तरह मौत से पहले हमारी सारी शिकायतों का शोर खामोश हो गया है। अब हमारा आखिरी वक्त करीब है।

जीनत : *(आँखों में आँसू भरकर)* ऐसा न कहें, आलमपनाह।

आलम : *(गहरी साँस लेकर)* और जीनत हमारी बेटी! आज इस आखिरी वक्त में हमारे बिस्तर के नजदीक हमारा एक भी बेटा नहीं है। ऐसे बाप को तुम क्या कहोगी, जिसने बादशाहत में खलल पड़ने के वहम से अपने कलेजे के टुकड़ों को सजा देकर हमेशा कैदखाने में रखा? अपने नजदीक आने भी नहीं दिया। *(सोचते हुए)* हमारे कैदी बच्चो! तुम बदकिस्मत हो कि आलमगीर तुम्हारा बाप है। तुमने और कोई गुनाह नहीं किया। तुम लोगों का सिर्फ यही गुनाह है कि तुम औरंगज़ेब के बेटे हो, आज तुम्हारा बाप मौत के दरवाजे पहुँचकर तुम्हारी याद कर रहा है!... मुअज्जम...आजम...कामबख्श।

जीनत : *(आग्रह से)* जहाँपनाह! मैं उन लोगों तक आपके ग्रे मुहब्बत भरे अल्फाज जरूर पहुँचा दूँगी।

आलम : *(सन्तोष से)* हम अपनी कब्र से भी तुम्हें दुआ देंगे, बेटी! हम खुद अपने बच्चों को खत लिखाना चाहते हैं। इस आखिरी वक्त में हमारी ख्वाहिश पूरी होने दो। कातिब को बुलाओ।

[ठंडी साँस लेता है।]

जीनत : आपका हुक्म पूरा होगा, अब्बाजान! *(पुकारकर)* करीम!

[करीम का प्रवेश। वह सलाम करता है।]

जीनत : शाही कातिब को इसी वक्त हाजिर किया जाए!

करीम : जो हुक्म! *(सलाम कर शीघ्रता से प्रस्थान।)*

आलम : *(मन्द स्वर में)* हम खुश हुए, बेटी! हमारी दुआएँ तुम्हारे साथ रहें। आज तक हमने शायद किसी की ख्वाहिश पूरी नहीं की, हमें कोई हक नहीं कि किसी से भी अपनी ख्वाहिश पूरी करने के लिए कहें। लेकिन तुमने हमारी ख्वाहिश पूरी की। बहुत दिनों तक जियो।

जीनत : जहाँपनाह! शहजादी जहाँनारा ने अब्बाजान की कैद में सात साल तक खिदमत की तो क्या मैं आपकी खिदमत कुछ दिनों तक भी न करूँ?

आलम : हमें भी कैद में समझो, बेटी! हमारे गुनाहों ने हमें चारों तरफ से घेर रखा है। जमीर की जंजीरों ने भी हमारे हाथ-पैर बाँध लिये हैं। हम अब इस दुनिया को आँख उठाकर भी नहीं देख सकते! जिस सल्तनत को खून से सींच-सींचकर हमने इतना बड़ा किया है, उसे अगर अब आँसुओं से भी सींचना चाहें तो हमें एक पूरी जिन्दगी चाहिए। वह हमारे पास कहाँ है? *(गला सूख जाता है। ठहरकर)* बेटी, पानी...पानी...गला सूख रहा है। *(जीनत प्याले में गुलाब-जल लेकर पिलाती है।)*

जीनत : आप थक गए हैं, जहाँपनाह! सारी रात आपको बहुत बेचैनी रही।

आलम : उस बेचैनी के खत्म होने का वक्त भी आ रहा है। *(खिड़की की ओर संकेत करते हुए)* देखो तो तारे चल रहे हैं। रातभर इन्होंने रोशनी की और अब वे आखिरी घड़ियाँ गिन रहे हैं। हम भी गिन रहे हैं, लेकिन हमने उम्र भर अँधेरा ही फैलाया। उजाले की कोई किरण नहीं रही। हम मौत को ही उजाला दे सकें, तो अपने को खुशकिस्मत समझेंगे! *(स्तब्धता। एकबारगी चौंककर)* सुबह हो गई क्या? *(खिड़की की ओर देखता है।)*

जीनत : *(उसी ओर देखती हुई)* हाँ जहाँपनाह! आसमान पर सफेदी छाने लगी है।

आलम : *(गहरी साँस लेकर)* खुदा की इबादत का वक्त आ रहा है। *(तसबीह*

फेरता है।) जीनत! हमने जिन्दगी भर इबादत का ढिंढोरा पीटा, लेकिन खुदा के पास तक नहीं पहुँच सके। अगर पहुँच पाते तो चलते वक्त इतने गुनाहों का बोझ हमारे सर पर न होता। चलने का वक्त करीब आ रहा है। मुझे खुशी है कि आज जुम्मा है। हमने जिन्दगी भर इबादत कर यही चाहा कि जुम्मा हमारा आखिरी दिन हो। *(अस्थिर होकर)* कातिब अभी नहीं आया?

जीनत : आ रहा होगा, जहाँपनाह! करीमबख्श फौरन ही उसे लेकर हाजिर होगा।

आलम : *(ठंडी साँस लेकर)* जीनत जब हम पैदा हुए थे तब हमारे चारों तरफ हजारों लोग थे, लेकिन इस वक्त हम अकेले जा रहे हैं। हम इस दुनिया में आए ही क्यों? हमसे किसी की भलाई नहीं हो सकी। हम वतन और रैयत दोनों के गुनाह अपने सर पर लिये जा रहे हैं।

जीनत : आलमपनाह! आपने तो वतन और रैयत की भलाई की है और!...

आलम : *(बीच में ही रोककर)* इस आखिरी वक्त में ऐसी बात मत कहो, जीनत! ये बातें बहुत बार सुनी हैं। लेकिन अब इन बातों से रूह काँपती है, दिल दुःखता है। काश, ये बातें सच होतीं। *(गहरी साँस लेता है।)*

जीनत : आलमपनाह! खानदाने तैमूरी में आपसे बढ़कर अद्ल करनेवाला कोई नहीं हुआ।

आलम : और उस अद्ल में हमने अपनी मुराद पूरी की!...मुराद *('मुराद' शब्द में मुरादबख्श का स्मरण आने पर)* और हमारे मुरादबख्श ने सामूगढ़ की लड़ाई में हमारे कहने पर दारा से लोहा लिया। कितनी हैरतअंगेज जंग थी वह? *(सोचते हुए)* राजा रामसिंह ने तलवार का ऐसा हाथ चलाया कि हम मय हाथी के जमींदोज हो जाते, लेकिन मुरादबख्श...मुरादबख्श ने अपनी ढाल पर तलवार रोक, राजा रामसिंह पर ऐसा वार किया कि वह हाथी के पैरों पर आ गिरा। उसका केसरिया बाना खून से लथपथ होकर जमीन पर फैल गया, और बस, इस सबका बदला, मुरादबख्श को क्या मिला! ओ...पा...नी *(जीनत फिर पानी पिलाती है।)*

जीनत : हुजूरेआली, आपसे दस्तबस्ता अर्ज है कि आप कुछ न फरमाएँ। ऐसी बातें करके आप अपनी हालत और खराब कर लेते हैं।

आलम : *(उतावली से)* इस वक्त हमें मत रोको, जीनत उन्निसा! हमें मत रोको। हम कहेंगे, जरूर कहेंगे। बुझने से पहले शमा की लौ भड़क उठती है। हमारी याददाश्त भी ताजी हो रही है। एक-एक तस्वीर आँखों के सामने आ रही है। हम हाथी पर बैठकर सैरगाह जा रहे हैं। आगे-पीछे हिन्दुओं का बेशुमार मजमा है। वे चीख-चीख कर कह रहे हैं कि आलमपनाह, जजिया माफ कर दीजिए! लेकिन हम माफ कैसे कर सकते हैं? दकन

की लड़ाइयों का खर्च कहाँ से आएगा? वे लोग हमारे रास्ते पर लेट जाते हैं। हमारा हाथी आगे नहीं बढ़ रहा है। हम गुस्से में आकर पीलवान को हुक्म देते हैं—"इन कमबख्तों पर हाथी चला दो!" हाथी आगे बढ़ता है और सैकड़ों चीखें हमारे कान में पड़ती हैं!...हम हँसकर कहते हैं—"काफिरो, तुम्हारी यही सजा है! जजिया माफ नहीं हो सकता!..."

जीनत : *(आँखों में आँसू भरकर)* आलमपनाह!

आलम : *(उसी स्वर में)* आज वह हाथी हमारे सामने झूम रहा है! मालूम होता है वह हमारे कलेजे को चूर-चूर करता हुआ जा रहा है। जीनत! हमारा कलेजा टुकड़े-टुकड़े हुआ जा रहा है...इसकी दवा तुम्हारे हकीम साहब के पास नहीं है।

जीनत : *(कातर स्वर में)* आलमशाह! आप यह दवा पी लीजिए। इस दवा से आपको बहुत फायदा होगा।

[दवा का प्याला आगे बढ़ाती है।]

आलम : *(भारी साँस लेकर)* जिसने सारी जिन्दगी खून का जाम पिया है, उसे दवा का जाम क्या फायदा करेगा? इसे फेंक दो, जीनत! उसे खिड़की की राह फेंक दो!

जीनत : आलमपनाह! यह दवा... *(हिचकती है।)*

आलम : *(तीव्र स्वर में)* जीनत! हम अब भी हिन्दुस्तान के बादशाह हैं। हमारे हुक्म की शमशीर अब भी तेज है। फेंको यह दवा!

[जीनत खिड़की की राह से वह दवा फेंक देती है।]

आलम : *(सन्तोष से)* हम खुश हुए। *(ठहरकर)* सोचो, जो दवा हकीम ने नहीं चखी, वह दवा हमारे काम की नहीं है। अहमदनगर का हकीम आगरा और दिल्ली का हकीम नहीं है!

जीनत : तो जहाँपनाह! वह दवा मैं चख लेती!

आलम : जीनत! जिन्दगी भर हमने अपने ही मकान में आग लगाई है, मरते वक्त अपनी बेटी को भी मौत का जाम चखने देते! क्या हम हकीम को दवा चखने का हुक्म नहीं दे सकते थे? लेकिन अब दवा पर हमारा भरोसा नहीं है। जीनत! दुआ पर भरोसा है। हमारे लिए दुआ करो...हमारे लिए दुआ करो!

जीनत : *(हाथ बाँधकर ऊपर देखती हुई)* जहाँपनाह सलामत रहें...जहाँपनाह सलामत रहें...आ..मी...न... *(आँखें बन्द कर लेती है।)*

[करीम का प्रवेश]

करीम : *(सलाम कर)* शहजादी! कातिब हाजिर है।

आलम : *(चौंककर खुशी के स्वर में)* क्या कातिब आ गया? आ गया? इसी वक्त

उसे हमारे रूबरू हाजिर करो। हमारे पास ज्यादा वक्त नहीं है।

करीम : *(सलाम कर)* जो हुक्म। *(शीघ्रता से प्रस्थान)*

आलम : *(सन्तोष की साँस लेकर)* कातिब आ गया, बेटी! काश, यह हमारी सारी जिन्दगी की दास्तान बड़े हरफों में दर्ज करता! हमारे बेटों के लिए यह बहुत बड़ी नसीहत होती! आलमगीर के आखिरी वक्त में सच्ची जिन्दगी पैदा होती! *(तसबीह फेरकर कलमा पढ़ता है।)* ला इलाही इलल्लिाह मुहम्मदुररसूलिल्लाह...

जीनत : *(आँखों में आँसू भरकर)* अब्बाजान! *(उसका गला रुँध जाता है।)*

आलम : रोओ मत, बेटी! हम खुश हैं कि तुम हमारे पास हो। आखिरी वक्त में अपनी बेटी की आवाज से हमारी कब्र में फूल बिछ जाएँगे, उसके आँसुओं के कतरों से हमारे गुनाह धुल जाएँगे। हमारी बेटी, जीनत! *(उसका हाथ अपने हाथ में लेता है।)*

[कातिब का प्रवेश। ढीला-ढाला इबा (चोगा), कमर में कमरबन्द, सिर पर साफा, सफेद पैजामा, कामदार जूता। वह आकर शाही सलाम करता है।]

आलम : *(शीघ्रता से)* कातिब, तुम आ गए! हम अपने बेटों को खत लिखाना चाहते हैं। जल्दी लिखो। हमारे पास वक्त बहुत थोड़ा है। लिखना शुरू करो। *(आलमगीर आँखें बन्द कर लेता है।)*

कातिब : *(सिर झुकाकर)* जी, इरशाद!

[कातिब बैठकर लिखने की मुद्रा धारण करता है। कुछ देर तक स्तब्धता रहती है। फिर आलमगीर मन्द किन्तु व्यथित स्वरों में बोलता है। कातिब लिखता जा रहा है।]

आलम : *(धीरे-धीरे)* सलामअलेकुम...आजम! हमारे बेटे! हम जा रहे हैं...हम जिन्दगी में अपने साथ कुछ नहीं लाए, लेकिन अपने साथ गुनाहों का कारवाँ लिए जा रहे हैं। तुम उखूव्वत, अम्न व एतेमाद पर खयाल रखना। यह माले दुनिया हेच है। हमारी आँखों ने खुदा का नूर नहीं देखा ...जिस्म से गरमी निकल गई है, अब कोयलों का ढेर बाकी है...! हाथ-पैर सूखे दरख्त की शाखों की तरह सख्त हो रहे हैं और कलेजे पर मायूसी की चट्टान रखी हुई है...खुदा से दूर हूँ...और दिल में कोई सुकून नहीं है...हमारे लिए कौन-सी सजा होगी...यह सोचा भी नहीं जा सकता ...खुदा की रहमत पर हमारा पूरा यकीन है, लेकिन हम अपने गुनाहों का बोझ कहाँ ले जाएँ। अब हमने समुन्दर में अपनी कश्ती डाल दी है...खुदा...हाफिज!

जीनत : *(आँखों में आँसू भरे हुए)* अब्बाजान!

आलम : *(आँखें बन्द किए हुए)* कामबख्श, हमारे बेटे!...

जीनत : *(कातिब की ओर इशारा करके)* लिखो! *(कातिब लिखता है।)*

आलम : हम अकेले जा रहे हैं...तुम बेसहारा हो, इसका हमें मलाल है!...लेकिन इससे क्या फायदा?...जो सजाएँ हमने दी हैं, जो गुनाह हमने किए हैं ...जो बेइन्साफियाँ हमने की हैं...इन सबका अंजाम हम अपने आगोश में लिए हैं...हम तुम्हें खुदा पर छोड़ते हैं। अपनी माँ उदयपुरी को तकलीफ मत देना!...मैं रुखसत होता हूँ...अलविदा!... *(थोड़ी देर तक स्तब्धता रहती है।)*

जीनत : *(करुण स्वर में)* अब्बाजान! आप ऐसा खत क्यों लिखा रहे हैं?

आलम : *(जीनत की बात पर कुछ ध्यान न देकर)* जीनत, मेरी बेटी! इस जिन्दगी के चिराग में अब तेल बाकी नहीं रहा...इस खाक के पुतले को कफन और ताबूत की जेबाइस की जरूरत नहीं!...इस बदनसीब को जमीन में यों ही दफन कर देना, इस मुस्ते खाक को पहली ही मंजिल पर सिपुर्दे खाक कर दिया जाए...हमें खुशी होगी अगर हमारी कब्र पर कुदरती सब्ज मलमल की चादर बिछी होगी...*(कुछ देर ठहरकर)* आँजहानी! हमारे गुनाहों को बख्श दीजिए! दारा!...शुजा!...मुराद!...

[इसी समय बाहर 'अल्लाहो अकबर' की ध्वनि में अजान होती है। आलमगीर ध्यान से सुनता है। उसके ओठों में कुछ स्पन्दन होता है, फिर एक झटके के साथ सिर उठाकर अजान आने की दिशा में नेपथ्य की ओर देखता है।]

आलम : *(तसबीह फेरते हुए नेपथ्य की ओर देखकर रुकते, किन्तु स्पष्ट स्वरों में)* अल्ला...हो...अक...।

['अकबर' का अन्तिम 'बर' ओठों में ही रह जाता है और तकिये पर आलमगीर का सिर झटके से गिर पड़ता है।]

जीनत : *(शीघ्रता से आलमगीर के सिर के समीप जाकर रुँधे हुए कंठ से)* आलमपनाह!...अब्बा...जान...!

[कोई जवाब नहीं मिलता। बाहर अजान होती रहती है। जीनत अपने आँचल से आँसू पोंछती हुई आलमगीर का मुँह सिरहाने पड़े हुए रेशमी कपड़े से ढँक देती है।]

❑

उपेन्द्रनाथ 'अश्क'

मध्यवर्गीय समाज की यथार्थ जीवन-झाँकी को अपने लेखन में सजीवता से अंकित करनेवाले साहित्यकारों में उपेन्द्रनाथ 'अश्क' का नाम अग्रगण्य है। पुराने संस्कारों के प्रति मोह और नई चेतना के आकर्षण के मध्य लटक रहे और मानसिक द्वन्द्वों से जूझ रहे मध्यवर्ग की यन्त्रणा को सबसे अधिक मुखर स्वर उनके नाटकों में प्राप्त हुआ है।

पंजाब के जालन्धर नगर में 14 दिसम्बर सन् 1910 को मध्यवर्गीय ब्राह्मण परिवार में अश्क जी का जन्म हुआ। इनके पिता पं. माधोराम स्टेशन मास्टर थे। इन्होंने जालन्धर से मैट्रिक और बी.ए. की परीक्षाएँ उत्तीर्ण कीं। बचपन से ही वे अध्यापक, लेखक, सम्पादक, वक्ता, वकील बनने के स्वप्न देखते थे। बी.ए. पास करने के बाद ये अपने ही स्कूल में अध्यापक हो गए। तत्पश्चात् उसे छोड़कर इन्होंने साप्ताहिक पत्र 'भूचाल' का सम्पादन किया। एक अन्य साप्ताहिक 'गुरु घंटाल' के लिए कहानी-लेखन भी किया। फिर सन् 1936 में कानून की परीक्षा पास की। इसी समय पारिवारिक परिस्थितियों ने इनके जीवन को नई दिशा दी। यहीं से इनकी लेखकीय प्रतिभा का विकास हुआ। उर्दू में 'नौरतन' और 'औरत की फितरत' कहानी-संग्रह प्रकाशित हुए। इनका प्रथम हिन्दी कहानी-संग्रह 'जुदाई की शाम का गीत' था। ये कृतियाँ आदर्शोन्मुख, कल्पना-प्रधान अथवा कोरी रोमानी थीं। अनुभूति का स्पर्श उन्हें कम मिला था। उसके बाद दो-ढाई वर्ष के समय में ही इन्होंने 'उर्दू-काव्य की एक नई धारा', 'जय-पराजय', 'पापी', 'वेश्या', 'अधिकार का रक्षक', 'लक्ष्मी का स्वागत', 'जोंक', 'पहेली', 'आपस का समझौता', 'स्वर्ग की झलक', 'पिंजरा', 'प्रात प्रदीप' आदि रचनाओं का प्रणयन किया।

अश्कजी ने प्रीत नगर से निकलनेवाली एक मासिक पत्रिका के उर्दू-हिन्दी—दोनों संस्करणों का सम्पादन भी किया। यहीं उन्होंने कुछ कहानियों के अतिरिक्त 'छठा बेटा' नाटक और 'गिरती दीवारें' उपन्यास का काफी भाग लिखा। सन् 1941 में रेडियो सेवा स्वीकार की और सन् 1945 में बम्बई में फिल्मों में लेखन का कार्य भी किया। सन् 1948 से सन् 1953 तक के समय में ये जीवन-संघर्ष के साथ-साथ साहित्य-सेवा में भी प्रवृत्त रहे। इन्हीं दिनों इन्होंने इलाहाबाद में नीलाभ प्रकाशन गृह की व्यवस्था की, जिससे इनके सम्पूर्ण साहित्यिक व्यक्तित्व ने रचना और प्रकाशन

दोनों दृष्टियों से निखार पाया। इन्होंने साहित्य की विविध विधाओं–कहानी, उपन्यास, निबन्ध, लेख, संस्मरण, आलोचना, नाटक, एकांकी, कविता आदि के क्षेत्र में काम किया। सन् 1972 में इन्हें अपने समस्त कृतित्व के लिए 'सोवियत लैंड नेहरू पुरस्कार' से सम्मानित किया गया।

रचनाएँ

नाटक–'जय-पराजय', 'स्वर्ग की झलक', 'छठा बेटा', 'कैद', 'उड़ान', 'पैंतरे', 'अलग-अलग रास्ते', 'आदर्श और यथार्थ', 'अंजो दीदी'।

एकांकी–'पापी', 'वेश्या', 'लक्ष्मी का स्वागत', 'अधिकार का रक्षक', 'जोंक', 'आपस का समझौता', 'पहेली', 'विवाह के दिन', 'देवताओं की छाया में', 'खिड़की', 'सूखी डाली', 'चमत्कार', 'नया-पुराना', 'बहनें', 'कामदा', 'मेमूना', 'चिलमन', 'चरवाहे', 'चुम्बन', 'तौलिये', 'भँवर', 'आदि मार्ग', 'पक्का गाना', 'तूफान के पहले', 'कइसा साब कइसी आया', 'अन्धी गली के आठ एकांकी', 'पर्दा उठाओ पर्दा गिराओ', 'बतसिया', 'कस्बे में क्रिकेट क्लब का उद्घाटन', 'मस्केबाजों का स्वर्ग', 'साहब को जुकाम है'।

उपन्यास–'सितारों के खेल', 'गिरती दीवारें', 'गर्म राख', 'बड़ी-बड़ी आँखें', 'पत्थर अल पत्थर'।

कहानी–'अंकुर', 'नासूर', 'चट्टान', 'डाची', 'पिंजरा', 'गोखरू', 'बैंगन का पौधा', 'मेमने', 'दालिये', 'काले साहब', 'बच्चे', 'उबाल', 'कैप्टन रशीद' आदि कुल डेढ़-दो सौ कहानियाँ।

काव्य–'दीप जलेगा', 'चाँदनी रात और अजगर', 'बरगद की बेटी'।

संस्मरण–'मंटो मेरा दुश्मन'।

अनुवाद–'रंगसाज' (चेखव के लघु उपन्यास का अनुवाद), 'ये आदमी ये चूहे', 'हिज एक्सेलैंसी'।

सम्पादन–'प्रतिनिधि एकांकी', 'रंग एकांकी'।

इनके प्रायः सभी एकांकी रंगमंच की दृष्टि से उत्कृष्ट हैं। लेखक होने के साथ-साथ अच्छा कलाकार और कुशल रंगमंच निर्देशक होना जिसमें विशेष सहायक रहा है।

'लक्ष्मी का स्वागत' एकांकी अश्क के सफलतम एकांकियों में से एक है। पहली बार यह सन् 1938 ई. में आल इंडिया रेडियो लाहौर से प्रसारित हुआ था। तब से आज तक न जाने कितनी बार इसका मंचन हो चुका है। प्रस्तुत एकांकी के माध्यम से अश्कजी ने हमारे परिवारों की क्रूरतम प्रथाओं में से एक की ओर संकेत किया है, जिसके अनुसार पत्नी की मृत्यु पर उसकी चिता की राख ठंडी भी नहीं हो पाती कि शगुन देनेवाले पंक्तिबद्ध दिखाई देते हैं। कोढ़ में खाज की स्थिति तो

यह कि लड़के के माँ-बाप भी लड़के की भावनाओं, उसके हृदय पर पत्नी की आकस्मिक मृत्यु से पहुँचे आघात की चिन्ता न कर शगुन लेने के लिए तत्पर दिखाई देते हैं। लेखक कहता है कि यह बात मेरी समझ में नहीं आती कि जब पालतू जानवर के मर जाने पर व्यक्ति कई-कई दिन तक उदास रहता है, तो जीवनसंगिनी के देहान्त पर चौथे दिन ही आदमी शादी की बात कैसे सोच सकता है। दरअसल प्रस्तुत नाटक में लेखक का स्वानुभूत सत्य कल्पना के संयोग सहित अत्यन्त सशक्त रूप से उभरा है। भूमिका में उन्होंने स्वयं कहा है कि "1936 में मेरी पहली पत्नी का देहान्त हो गया था। मेरा बच्चा कंठमाला से बीमार था और मेरी माँ चौथे ही दिन मेरी सगाई की बात करने लगी थी। मुझे बहुत बुरा लगा था।" माँ-बाप की अर्थलोलुपता और अति व्यावहारिक दृष्टिकोण किस प्रकार पुत्र के संवेदनशील हृदय को तार-तार कर देता है, पत्नी के मरने के बाद टूट चुका रौशन, बच्चे के मरने के बाद और भी गहरे दुख के समुद्र में डूब जाता है। जिसकी गहराइयों से उबारनेवाला, उसके कन्धों पर हाथ रखने वाला उसके मित्र सुरेन्द्र के अलावा कोई नहीं, कोई है तो हृदयहीन माँ-बाप जो बच्चे की मृत्यु के उस क्षण शगुन की बधाई दे उसे उसी समुद्र में डूब जाने के लिए छोड़ देते हैं। बधाई और दुख के इस द्वन्द्वात्मक मोड़ पर एक गहरी टीस उभारता हुआ एकांकी समाप्त हो जाता है।

मानवीय भावनाओं के स्थान पर विशुद्ध सुविधाभोगी यथार्थ पर करारा व्यंग्य करने में लेखक सफल हुआ है। कथानक, उसके गठन और उद्देश्य की दृष्टि से एकांकी निश्चित रूप से सम्पूर्ण है। पात्रों की संख्या भी सीमित है और सभी पात्र अपनी-अपनी जगह चुस्त और दुरुस्त भी हैं। देश काल वातावरण की पूरी समन्विति है। प्रस्तुत एकांकी में संवाद भी लघु एवं सार्थक हैं। प्रतीक शैली नाटक की प्रभविष्णुता बनाए रखने में सहायक हुई है। बाहर का तूफान और वर्षा के थपेड़े रौशन के मन में उठनेवाले भावना के तूफान का ही प्रतिरूप है। छत पर लगे फानूस का रह-रहकर काँप जाना और अन्त में टूटकर गिर जाना मौत से जूझते नन्हे बालक की जिन्दगी और उसकी मौत का प्रतीक है। वातावरण की इस सृष्टि ने नाटक की त्रासदी को घनीभूत कर दिया है।

लक्ष्मी का स्वागत

उपेन्द्रनाथ अश्क

पात्र

रौशन : *एक शिक्षित युवक*
सुरेन्द्र : *उसका मित्र*
भाषी : *उसका छोटा भाई*
पिता : *रौशन का बाप*
माँ : *रौशन की माता*
अरुण : *रौशन का बीमार बच्चा*

स्थान : जिला जालन्धर के इलाके में मध्यम श्रेणी के एक मकान का दालान।
समय : नौ-दस बजे सुबह।

[दालान में सामने की दीवार से मेज लगी है, जिसके इस ओर एक पुरानी कुर्सी पड़ी है। मेज पर बच्चों की किताबें बिखरी पड़ी हैं।
दीवार के दाएँ कोने में एक खिड़की है, जिस पर मामूली छींट का पर्दा लगा है, बाएँ कोने में एक दरवाजा है, जो सीढ़ियों में खुलता है।
दाईं दीवार में एक दरवाजा है, जो कमरे में खुलता है, जहाँ इस वक्त रौशन का बच्चा अरुण बीमार पड़ा है।
दीवारों पर बिना फ्रेम के सस्ती तसवीरें कीलों से जड़ी हुई हैं।
छत पर कागज का एक फानूस लटक रहा है। पर्दा उटने पर सुरेन्द्र खिड़की में से बाहर की तरफ देख रहा है। बाहर मूसलाधार वर्षा हो रही है। हवा की साँय-साँय और मेंह के थपेड़े सुनाई देते हैं।
कुछ क्षण बाद वह खिड़की का पर्दा छोड़कर कमरे में घूमता है, फिर जाकर खिड़की के पास खड़ा हो जाता है और पर्दा हटाकर बाहर देखता है।

दाईं ओर से कमरे में रौशनलाल दाखिल होता है।]

रौशन : *(दरवाजे को धीरे से बन्द करके)* डॉक्टर अभी नहीं आया?

सुरेन्द्र : नहीं।

रौशन : वर्षा हो रही है।

सुरेन्द्र : मूसलाधार! इन्द्र का क्रोध अभी शान्त नहीं हुआ।

रौशन : शायद ओले भी पड़ रहे हैं।

सुरेन्द्र : हाँ, ओले भी पड़ रहे हैं।

रौशन : भाषी पहुँच गया होगा।

सुरेन्द्र : हाँ, पहुँच ही गया होगा। यह वर्षा और ओले! बाजारों में घुटनों तक से कम पानी न होगा।

रौशन : लेकिन अब तक उन्हें आ जाना चाहिए था। *(स्वयं बढ़कर खिड़की के पर्दे को हटाकर देखता है, फिर पर्दा छोड़कर वापस आ जाता है।)* अरुण की तबीयत गिर रही है।

सुरेन्द्र : *(चुप)*।

रौशन : *(उसकी साँस जैसे हर घड़ी रुकती जा रही है, उसका गला जैसे बन्द होता जा रहा है, उसकी आँखें खुली हैं पर वह कुछ कह नहीं सकता। बेहोश-सा; असहाय-सा चुपचाप बिटर-बिटर ताक रहा है। आँखें लाल और शरीर गर्म है।)* सुरेन्द्र, जब वह साँस लेता है तो उसे बड़ा ही कष्ट होता है। मेरा कलेजा मुँह को आ रहा है। क्या होने को है, सुरेन्द्र?

सुरेन्द्र : हौसला करो! अभी डॉक्टर आ जाएगा। देखो, दरवाजे पर किसी ने दस्तक दी है।

[दोनों कुछ क्षण तक सुनते हैं। हवा की साँय-साँय।]

रौशन : नहीं, कोई नहीं, हवा है।

सुरेन्द्र : *(सुनकर)* यह देखो, फिर किसी ने दस्तक दी।

[रौशन बढ़कर खिड़की से देखता है, फिर वापस आ जाता है।]

रौशन : सामने के मकान का दरवाजा खटखटाया जा रहा है।

[रौशन बेचैनी से कमरे में घूमता है। सुरेन्द्र कुर्सी से पीठ लगाए छत में हिलते हुए फानूस को देख रहा है।]

सुरेन्द्र : यह मामूली बुख़ार नहीं, यह गले की तकलीफ साधारण नहीं, मेरा तो दिल डर रहा है—कहीं अपनी माँ की तरह अरुण भी तो धोखा न दे जाएगा? *(गला भर आता है)* तुमने उसे नहीं देखा, साँस लेने में उसे कितना कष्ट हो रहा है।

[हवा की साँय-साँय और मेंह के थपेड़े]

रौशन : यह वर्षा-आँधी, ये मेरे मन में हौल पैदा कर रहे हैं। कुछ अनिष्ट होने को

है। प्रकृति का यह भयानक खेल, यह मौत की आवाजें...

[बिजली जोर से कड़क उठती है। दरवाजा जरा-सा खुलता है। माँ झाँकती है।]

माँ : रौशी, दरवाजा खोलो। आओ, देखो, शायद डॉक्टर आया है। *(दरवाजा बन्द करके चली आती है।)*

रौशन : सुरेन्द्र...

[सुरेन्द्र तेजी से जाता है। रौशन बेचैनी से कमरे में घूमता है। सुरेन्द्र के साथ डॉक्टर और भाषी प्रवेश करते हैं। भाषी के हाथ में इन्जेक्शन का सामान है।]

डॉक्टर : क्या हाल है बच्चे का? *(बरसाती उतारकर खूँटी पर टाँगता है और रूमाल से मुँह पोंछता है।)*

रौशन : आपको भाषी ने बताया होगा। मेरा तो हौसला टूट रहा है। कल सुबह उसे कुछ ज्वर हुआ और साँस में तकलीफ हो गई और आज तो वह बेहोश-सा पड़ा है, जैसे अन्तिम साँसों को जाने से रोक रखने का भरसक प्रयास कर रहा है।

डॉक्टर : चलो, चलकर देखता हूँ।

[सब बीमार के कमरे में चले जाते हैं। बाहर दरवाजे के खटखटाने की आवाज़ आती है। माँ तेजी से प्रवेश करती है।]

माँ : भापी! भापी!

[बीमार के कमरे से भाषी आता है।]

माँ : देखो भापी, बाहर कौन दरवाजा खटखटा रहा है? *(आँखों में चमक आ जाती है।)* मेरा तो खयाल है वही लोग आए हैं। मैंने रसोई की खिड़की से देखा है। टपकते हुए छाते लिए और बरसातियाँ पहने...

भाषी : वही कौन?

माँ : वही जो सरला के मरने पर अपनी लड़की के लिए कह रहे थे। बड़े भले आदमी हैं। सुनती हूँ, सियालकोट में उनका बड़ा काम है। इतनी वर्षा में भी...

[जोर-जोर से कुंडी खटखटाने की निरन्तर आवाज आती है। भाषी भागकर जाता है। माँ खिड़की में जा खड़ी होती है। बीमार के कमरे का दरवाजा खुलता है। सुरेन्द्र तेजी वे प्रवेश करता है।]

सुरेन्द्र : भापी कहाँ है?

माँ : बाहर कोई आया है, कुंडी खोलने गया है।

[सुरेन्द्र फिर तेजी से वापस चला आता है। माँ एक बार पर्दा उठाकर खिड़की से झाँकती है, फिर खुशी-खुशी कमरे में घूमती है। भाषी

दाखिल होता है।]

माँ : कौन है?

भाषी : शायद वही हैं। नीचे बिठा आया हूँ, पिताजी के पास, तुम चलो।

माँ : क्यों?

भाषी : उनके साथ एक स्त्री भी है।

[माँ जल्दी-जल्दी चली जाती है। सुरेन्द्र कमरे का दरवाज़ा जरा-सा खोलकर देखता है और आवाज़ देता है।]

सुरेन्द्र : भाषी!

भाषी : हाँ।

सुरेन्द्र : इधर आओ।

[भाषी कमरे में चला जाता है। कुछ क्षण के लिए खामोशी। केवल बाहर मेंह बरसने और हवा के थपेड़ों से किवाड़ों के खड़खड़ाने का शोर, कमरे में फानूस के हिलने की सरसराहट। डॉक्टर, सुरेन्द्र, रौशन और भाषी बाहर आते हैं।]

रौशन : डॉक्टर साहब, अब बताइए।

डॉक्टर : *(अत्यधिक गम्भीरता)* बच्चे की हालत नाजुक है।

रौशन : बहुत नाजुक है?

डॉक्टर : हाँ।

रौशन : कुछ नहीं हो सकता?

डॉक्टर : परमात्मा के घर कुछ कमी नहीं, लेकिन आपने बहुत देर कर दी है। खन्नाक[1] में तत्काल डॉक्टर को बुलाना चाहिए।

रौशन : हमें मालूम ही नहीं हुआ, डॉक्टर साहब। कल शाम को इसे बुखार हो आया, गले में भी इसने बहुत कष्ट महसूस किया। मैं डॉक्टर जीवाराम के पास ले गया, वही जो हमारे बाजार में हैं उन्होंने गले में आयरन-ग्लिसरीन पेंट कर दी और फीवर-मिक्श्चर बना दिया। बस दो बार दवा दी, इसकी हालत पहले से भी खराब हो गई। शाम को यह कुछ बेहोश-सा हो गया। मैं भागा-भागा आपके पास गया, पर आप मिले नहीं, तब रात को भाषी को भेजा, फिर भी आप न मिले। डॉक्टर जीवाराम आए थे, पर मैं उनकी दवा देने का हौसला न कर सका और फिर यह झड़ी लग गई। *(जरा काँपता है।)*

--ओले, आँधी और तूफान! ऐसी प्रलयंकारी वर्षा कभी न देखी थी।

[बाहर हवा की सायँ-सायँ सुनाई देती है। डॉक्टर सिर नीचा किए

---

1. Diphtheria : गले का संक्रामक रोग, जिसमें साँस बन्द हो जाने से मृत्यु हो जाती है।

खड़ा है। रौशन उत्सुक नजरों से उसकी ओर ताक रहा है। सुरेन्द्र मेज के एक कोने पर बैठा छत की ओर जोर-जोर से हिलते फानूस को देख रहा है।]

डॉक्टर : *(सिर उठाता है)* मैंने इंजेक्शन दे दिया है। भाषी ने जो लक्षण बताए थे, उन्हें सुनकर मैं बचाव के तौर पर इंजेक्शन का सामान और ट्यूब साथ लेता आया था और मेरा ख़याल ठीक निकला। भाषी को मेरे साथ भेज दो, मैं इसे नुस्खा लिख देता हूँ, यह बाजार से दवाई बनवा लेगा, मेरी जगह तो दूर है। पन्द्रह-पन्द्रह मिनट के बाद हलक में दवा की दो-चार बूँदें टपकाते रहना और एक घंटे में मुझे सूचित करना। यदि एक घंटे तक यह ठीक रहा, तो मैं एक इंजेक्शन और कर जाऊँगा। इंजेक्शन के सिवा डिप्थीरिया का दूसरा इलाज नहीं।

रौशन : डॉक्टर साहब...*(आवाज़ भर आती है।)*

डॉक्टर : घबराने से काम न चलेगा, सावधानी से उसकी तीमारदारी करो, शायद...

रौशन : मैं अपनी तरफ से कोई कसर न उठा रखूँगा। सुरेन्द्र, तुम मेरे पास रहना। देखो, जाना नहीं, यह घर उस बच्चे के लिए वीराना है। यह लोग इसका जीवन नहीं चाहते, बड़ा रिश्ता पाने के मार्ग में इसे रोड़ा समझते हैं। इसकी मृत्यु चाहते हैं, सुरेन्द्र।

सुरेन्द्र : तुम क्या कह रहे हो, रौशन? उन्हें क्या यह प्रिय नहीं? मूल से ब्याज प्यारा होता है?

डॉक्टर : क्या कह रहे हो, रौशनलाल?

रौशन : आप नहीं जानते, डॉक्टर साहब! यहाँ सब लोग हृदयहीन हैं, आपको मालूम नहीं। इधर मैं अपनी पत्नी का दाह-कर्म करके आया था, उधर ये लोग दूसरी जगह शादी के लिए शगुन लेने की सोच रहे थे।

सुरेन्द्र : यह तो दुनिया का व्यवहार है, भाई।

रौशन : दुनिया का व्यवहार इतना शुष्क, इतना निर्मम, इतना क्रूर है? मैं उससे नफरत करता हूँ। क्या ये लोग नहीं समझते कि यह जो मर जाती है, वह भी किसी की लड़की होती है, किसी माता-पिता के लाड़ में पली होती है, फिर उसके मरते ही सगाइयाँ लेकर दौड़ते हैं। स्मृति-मात्र से मेरा खून उबलने लगता है।

डॉक्टर : *(चौंककर)* देर हो रही है, मैं दवा भेजता हूँ। *(भाषी से)* चलो।

[डॉक्टर साहब और भाषी का प्रस्थान।]

रौशन : सुरेन्द्र, क्या होने को है? क्या अरुण भी मुझे सरला की भाँति छोड़कर चला जाएगा? मैं तो इसका मुँह देखकर सन्तोष किए हुए था। उस जैसी सूरत, उसी जैसी भोली-भोली आँखें, उसी जैसे मुसकराते होंठ, उसी जैसा

सीधा-सरल स्वभाव। मैं इसे देखकर सरला का गम भूल चुका था, लेकिन अब, अब...*(हाथों से चेहरा छिपा लेता है।)*

सुरेन्द्र : *(उसे ढकेलकर कमरे की ओर ले जाता हुआ)* पागल न बनो, चलो, उसके घर में क्या कमी है? वह चाहे तो मरते हुओं को बचा दे, मृतकों को जीवन प्रदान कर दे।

रौशन : *(भर्राए गले से)* मुझे उस पर कोई विश्वास नहीं रहा। उसका कोई भरोसा नहीं—क्रूर, कठिन और निर्दयी। उसका काम सताए हुओं को और सताना है, जले हुए को और जलाना है। अपने इस जीवन में हमने किसको सताया, किसको दुःख दिया, जो हम पर ये बिजलियाँ गिराई गईं, हमें इतना दुःख दिया गया!

सुरेन्द्र : दीवाने न बनो। चलो, उसके सिरहाने चलकर बैठो! मैं देखता हूँ, भाषी अभी क्यों नहीं आया।

[उसे दरवाजे के अन्दर ढकेलकर मुड़ता है। दाईं ओर के दरवाजे से माँ दाखिल होती है।]

माँ : किधर चले?

सुरेन्द्र : जरा भाषी को देखने जा रहा था।

माँ : क्या हाल है अरुण का?

सुरेन्द्र : उसकी हालत खराब हो रही है।

माँ : हमने तो बाबा बोलना ही छोड़ दिया। ये डॉक्टर जो न करें, थोड़ा है। बहू के मामले में भी तो यही बात हुई थी। अच्छी-भली हकीम की दवा हो रही थी, आराम आ रहा था। जिगर का बुखार ही था, दो-दो वर्ष भी रहता है, पर यह डॉक्टर को लाए बिना न माना। डॉक्टरों को आजकल दिक के बिना कुछ सूझता नहीं। जरा बुखार पुराना हुआ, जरा खाँसी आई कि दिक का फतवा दे देते हैं। 'मुझे दिक हो गया है!'—यह सुनकर मरीज की आधी जान तो पहले ही निकल जाती है। हमने तो भाई इसलिए कुछ कहना-सुनना छोड़ दिया है। आखिर मैंने भी तो पाँच बच्चे पाले हैं। बीमारियाँ हुईं, कष्ट हुए, कभी डॉक्टरों के पीछे भागी-भागी नहीं फिरी। क्या बताया डॉक्टर ने?

सुरेन्द्र : डिप्थीरिया!

माँ : वह क्या होता है?

सुरेन्द्र : बड़ी खतरनाक बीमारी है, माँ जी! अच्छा-भला आदमी दो-चार दिन के अन्दर खत्म हो जाता है।

माँ : *(काँपकर)* राम-राम, तुम लोगों ने क्या कुछ-का-कुछ बना डाला! उसे जरा ज्वर हो गया, छाती जम गई, बस मैं घुट्टी दे देती तो ठीक हो जाता,

लेकिन मुझे कोई हाथ लगाने दे, तब न! हमें तो वह कहता है, बच्चे से प्यार ही नहीं।

सुरेन्द्र : नहीं-नहीं, यह कैसे हो सकता है! आपसे अधिक वह किसे प्यारा होगा? *(चलने को उद्यत होता है।)*

माँ : सुनो!

[सुरेन्द्र रुक जाता है।]

माँ : मैं तुमसे बात करने आई थी। तुम उसके मित्र हो, उसे समझा सकते हो।

सुरेन्द्र : कहिए।

माँ : आज वे फिर आए हैं।

सुरेन्द्र : वे कौन?

माँ : सियालकोट के एक व्यापारी हैं। जब सरला का चौथा हुआ था तो उस दिन रौशी के लिए अपनी लड़की का शगुन लेकर आए थे। पर उसे न जाने क्या हो गया है, किसी की सुनता ही नहीं, सामने ही न आया। हारकर बेचारे चले गए। रौशी के पिता ने उन्हें एक महीने बाद आने को कहा था, सो पूरे एक महीने बाद वे आए हैं।

सुरेन्द्र : माँ जी!

माँ : तुम जानते हो बच्चा, दुनिया-जहान का यह कायदा ही है। गिरे हुए मकान की नींव पर ही दूसरा मकान खड़ा होता है। रामप्रताप ही को देख लो; अभी दाह-कर्म-संस्कार के बाद नहाकर साफा भी न निचोड़ा था कि नकोदरवालों ने शगुन दे दिया। एक महीने के बाद विवाह भी हो गया और अब तो सुनते हैं, एक बच्चा भी होनेवाला है।

सुरेन्द्र : माँ जी, रामप्रताप और रौशन में कुछ अन्तर है।

माँ : यही कि वह माता-पिता का आज्ञाकारी है, और यह पढ़-लिखकर माँ-बाप की अवज्ञा करना सीख गया है। बेटा, अभी तो चार नाते आते हैं, फिर देर हो गई तो उधर कोई मुँह भी न करेगा। लोग सौ बातें बनाएँगे, सौ-सौ लांछन लगाएँगे और फिर ऐसा कौन क्वाँरा है!

सुरेन्द्र : तुम्हारा रौशन बिन-ब्याहा नहीं रहेगा, इसका मैं यकीन दिलाता हूँ।

माँ : यही ठीक है, पर अब यह शरीफ आदमी मिलते हैं, घर अच्छा है, लड़की अच्छी है, सुशील है, सुन्दर है, सुशिक्षित है, और सबसे बढ़कर यह है कि ये लोग बड़े भले हैं। लड़की की बड़ी बहन से अभी मैंने बातें की हैं। ऐसी सलीकेवाली है कि क्या कहूँ। बोलती है तो फूल झड़ते हैं। जिसकी बड़ी बहन ऐसी है, वह स्वयं कैसे अच्छी न होगी?

सुरेन्द्र : माँ जी, अरुण की तबीयत बहुत खराब है। जाकर देखो तो मालूम हो।

माँ : बेटा, ये भी तो इतनी दूर से आए हैं। इस आँधी और तूफान में कैसे उन्हें

निराश लौटा दूँ?

सुरेन्द्र : तो आखिर आप मुझसे क्या चाहती हैं?

माँ : तुम्हारा वह मित्र है। उससे जाकर कहो कि जरा दो-चार मिनट जाकर उनसे बात कर ले। कुछ वे पूछते हों, उन्हें बता दे। तब तक मैं लड़के के पास बैठती हूँ।

सुरेन्द्र : मुझसे यह नहीं हो सकता, माँ जी! बच्चे की हालत ठीक नहीं बल्कि शोचनीय है और आप जानती हैं, वह उसे कितना प्यार करता है। भाभी के बाद उसका सब ध्यान बच्चे में केन्द्रित हो गया है। वह उसे अपनी आँखों में बिठाए रखता है। स्वयं उसका मुँह-हाथ धुलाता है, स्वयं नहलाता है, स्वयं कपड़े पहनाता है और इस वक्त जब बच्चे की हालत ठीक नहीं, मैं उससे यह सब कैसे कहूँ?

[बीमार के कमरे का दरवाजा खुलता है। रौशन दाखिल होता है। बाल बिखरे हुए, चेहरा उतरा हुआ, आँखें फटी-फटी-सी।]

रौशन : सुरेन्द्र, तुम अभी यहीं खड़े हो? परमात्मा के लिए जल्दी जाओ। मेरी बरसाती ले जाओ, नीचे से छतरी ले जाओ। देखो, भाषी आया क्यों नहीं? अरुण तो जा रहा है, प्रतिक्षण जैसे डूब रहा है।

[सुरेन्द्र एक बार खिड़की से बाहर देखता है और फिर तेजी से निकल जाता है। माँ रौशन के समीप जाती है।]

माँ : क्या बात है, घबराए क्यों हो?

रौशन : माँ, उसे डिप्थीरिया हो गया है।

माँ : सुरेन्द्र ने बताया है। *(असन्तोष से सिर हिलाकर)* तुम लोगों ने मिल-मिलाकर...

रौशन : क्या कह रही हो? तुम्हें अगर स्वयं कुछ मालूम नहीं तो दूसरों को कुछ करने दो।

माँ : चलो, मैं चलकर देखती हूँ। *(बढ़ती है।)*

रौशन : *(रास्ता रोकता है)* नहीं, तुम मत जाओ। उसे बेहद तकलीफ है, उसे साँस मुश्किल से आती है, उसका दम उखड़ रहा है, तुम कोई घुट्टी-वुट्टी की बात करोगी। तुम यहीं रहो, मैं उसे बचाने की अन्तिम कोशिश करूँगा। *(जाना चाहता है।)*

माँ : सुनो!

[रौशन मुड़ता है। माँ असमंजस में है।]

रौशन : कहो!

माँ : *(चुप)*

रौशन : जल्दी कहो, मुझे जाना है।

माँ : वही फिर आए हैं।

रौशन : वे कौन?

माँ : वही सियालकोट वाले।

रौशन : *(क्रोध से)* उनसे कहो, जिस तरह आए हैं, वैसे ही चले जाएँ। *(जाना चाहता है।)*

माँ : रौशी!

रौशन : मैं नहीं जानता, मैं पागल हूँ या आप! क्या आप मेरी सूरत नहीं देखतीं? क्या आपको इस पर कुछ लिखा दिखाई नहीं देता? शादी, शादी, शादी! क्या शादी ही दुनिया में सबकुछ है! घर में बच्चा मर रहा है और तुम्हें शादी की सूझ रही है। आखिर तुम लोगों को हो क्या गया है? वह अभी मृत्यु शैया पर पड़ी थी कि तुमने मेरी साली को लेकर शादी की बात चला दी। वह मर गई, मैं अभी रो भी न पाया कि तुम शगुन लेने पर जोर देने लगीं। क्या वह मेरी पत्नी न थी? क्या वह कोई फालतू चीज़ थी?

माँ : शोर मत मचाओ। हम तुम्हारे फायदे की बात करते हैं, रामप्रताप...

रौशन : *(चीखकर)* तुम रामप्रताप को मुझसे मिलाती हो! अनपढ़, अशिक्षित, गँवार! उसके दिल कहाँ है? महसूस करने का माद्दा कहाँ है? वह जानवर है।

माँ : तुम्हारे पिता ने भी तो पहली पत्नी की मृत्यु के दूसरे महीने ही विवाह कर लिया था...

रौशन : वे...माँ, जाओ, मैं क्या कहने लगा था?

[रौशन तेजी से मुड़कर कमरे में चला जाता है और दरवाज़ा बन्द कर लेता है। हाथ में हुक्का लिए हुए, खँखारते-खँखारते रौशन के पिता का प्रवेश।]

पिता : क्या कहता है रौशन?

माँ : वह तो बात भी नहीं सुनता। जाने बच्चे की तबीयत बहुत खराब है।

पिता : *(खँखारकर)* एक दिन में ही इतनी क्या खराब हो गई? मैं जानता हूँ, बस सब बहानेबाजी है। *(जोर से आवाज़ देता है।)* रौशी, रौशी!

[खिड़कियों पर वायु के थपेड़ों की आवाज़]

(फिर आवाज़ देता है।) रौशी! रौशी!

[रौशन दरवाजा खोलकर झाँकता है। चेहरा पहले से भी उतरा हुआ है। आँखें रुआँसी-सी और निगाहों में करुणा।]

रौशन : *(अत्यन्त थके स्वर से)* धीरे बोलें, आप शोर क्यों मचा रहे हैं?

पिता : इधर आओ।

रौशन : मेरे पास समय नहीं।

पिता : *(चीखकर)* समय नहीं?

रौशन : धीरे बोलिए आप!

पिता : मैं कहता हूँ, वे इतनी दूर से आए हैं, तुम्हें देखना चाहते हैं, तुम जाकर उनसे जरा एक-दो मिनट बात कर लो।

रौशन : मैं नहीं जा सकता।

पिता : नहीं जा सकता?

रौशन : नहीं जा सकता।

पिता : तो मैं शगुन ले रहा हूँ। इस वर्षा, आँधी और तूफान में मैं उन्हें अपने घर से निराश नहीं भेज सकता, घर आई लक्ष्मी को नहीं लौटा सकता। लड़की अच्छी है, सुन्दर है, घर के काम-काज में चतुर है, चार-पाँच श्रेणी तक पढ़ी है। रामायण, महाभारत बखूबी पढ़ लेती है।

[रोने की तरह रौशन हँसता है।]

रौशन : हाँ, आप लक्ष्मी को न लौटाइए। *(खट से दरवाजा बन्द कर लेता है।)*

पिता : *(रौशन की माँ से)* इस एक महीने में हमने कितनों को इनकार किया है, पर इनको कैसे इनकार करें? सियालकोट में बड़ी भारी इनकी फर्म है। मैंने महीने भर में अच्छी तरह पता लगा लिया है। हज़ारों का तो इनका यहाँ लेन-देन है। उन्हें कुछ बहू की बीमारी की ओर से आशंका थी। पूछते थे—उसका देहान्त किस रोग से हुआ? सो भई, मैंने तो यही कह दिया, दिक-विक कुछ नहीं थी, जिगर की बीमारी थी। *(गर्व से)* लाख हो, रौशन जैसा कमाऊ लड़का मिल भी कैसे सकता है? बेकारों की फौज दरकार हो तो चाहे जितनी मर्जी इकट्ठी कर लो। उसी दिन लाला सुन्दरलाल अपनी लड़की के लिए कह रहे थे—कॉलेज में पढ़ती है। पर मैंने तो इनकार कर दिया।

माँ : अच्छा किया। मुझे तो आयु-भर उसकी गुलामी करनी पड़ती। बच्चे को पूछते होंगे?

पिता : हाँ, मैंने तो कह दिया, बच्चा है, पर माँ की मृत्यु के बाद उसकी हालत ठीक नहीं रहती।

माँ : तो आप हाँ कर दें।

पिता : हाँ, मैं तो शगुन ले लूँगा। *(चले जा रहे हैं।)*

[हुक्के की आवाज़ दूर होते-होते गुम हो जाती है। माँ खुशी-खुशी कमरे में घूमती है। कमरे में भाषी आता है और तेजी से निकल जाता है।]

माँ : भाषी!

सुरेन्द्र : मैं डॉक्टर के यहाँ जा रहा हूँ।

[भाषी तेजी से चला जाता है। बीमार के कमरे से सुरेन्द्र निकलता है।]

सुरेन्द्र : माँ जी!

माँ : क्या बात है?

भाषी : दाने लाओ और दीए का प्रबन्ध करो।

माँ : क्या? *(आँखें फाड़े उसकी ओर देखती रह जाती है।)*

[हवा की सायँ-सायँ]

सुरेन्द्र : अरुण इस संसार से जा रहा है।

[फानूस टूटकर धरती पर गिर पड़ता है। माँ भागकर दरवाजे पर जाती है।]

माँ : रौशी, रौशी!

[दरवाजा अन्दर से बन्द है।]

माँ : रौशी, रौशी!

रौशन : *(कमरे के अन्दर से भर्राए स्वर में)* क्या बात है?

माँ : दरवाजा...

रौशन : तुम पहले लक्ष्मी का स्वागत कर लो!

माँ : रौशी!

....

माँ : रौशी!

[बाईं ओर के दरवाजे के बाहर से खँखारने की और हुक्के की आवाज़]

पिता : *(सीढ़ियों से ही)* रौशन की माँ, बधाई हो!

[रौशन के पिता का प्रवेश। माँ उनकी ओर मुड़ती है।]

पिता : बधाई हो! मैंने शगुन ले लिया।

[कमरे कर दरवाजा खुलता हैं, मृत बालक का शव लिए रौशन का प्रवेश]

रौशन : हाँ, नाचो, गाओ, बाजे बजाओ।

[पिता के हाथ से हुक्का गिर जाता है और मुँह खुला रह जाता है।]

पिता : मेरा बच्चा! *(बैठ जाता है।)*

माँ : मेरा लाल! *(रोने लगती है।)*

सुरेन्द्र : भाषी, जाकर दाने लाओ, और दीये का प्रबन्ध करो।

❑

जगदीशचन्द्र माथुर

डॉ. जगदीशचन्द्र माथुर हिन्दी के प्रथम एकांकीकार हैं, जिन्होंने रंग अन्वेषण की प्रवृत्ति से प्रेरित होकर विभिन्न प्रयोगों द्वारा हिन्दी एकांकी साहित्य को नवीन आभा से मंडित किया है और नया पथ सुझाया है। एकांकी साहित्य क्षेत्र में डॉ. माथुर का योगदान अद्वितीय है। इन्होंने उत्कृष्ट कोटि के नाटकों एवं एकांकियों की रचना करके हिन्दी साहित्य को समृद्ध किया है। अभिनय की दृष्टि से इनके एकांकी बहुत सफल सिद्ध हुए और रंगमंच क्षेत्र में अपनी अमिट छाप छोड़ गए।

जगदीशचन्द्र माथुर का जन्म 16 जुलाई सन् 1917 को उ.प्र. के खुर्जा के पास एक गाँव में हुआ। इस समय प्रथम विश्वयुद्ध चल रहा था। किशोर अवस्था तक पहुँचते-पहुँचते उनके कोमल मन को द्वितीय विश्वयुद्ध (1939-45 ई.) की विभीषिका को भी झेलना पड़ा। दो-दो विश्वयुद्धों का भयंकर अनुभव उनके भीतर इस कदर समा गया कि उनकी कृतियों में युद्ध का प्रसंग गौण या प्रधान विषय के रूप में प्रस्तुत होता रहा है। युद्ध से उपजा विनाश मानव के भीतर पुनर्निर्माण की विवशता को जगाता है। माथुरजी की नाट्य कृतियाँ हों या एकांकी, उनकी सम्पूर्ण कृतियों में यह अन्तःस्वर गूँजता है।

सन् 1936 में माथुरजी ने प्रयाग विश्वविद्यालय से प्रथम श्रेणी में एम.ए. परीक्षा उत्तीर्ण की। सन् 1941 में इंडियन सिविल सर्विस की परीक्षा उत्तीर्ण करके वे बिहार में शिक्षा सचिव बने। सन् 1955 से 1962 तक वे आकाशवाणी के महानिदेशक और उसके उपरान्त कृषि मन्त्रालय में अतिरिक्त सचिव बने। उन्होंने हिन्दी सलाहकार के रूप में भी कार्य किया।

माथुरजी को बचपन से ही अभिनय के प्रति रुचि थी। बचपन से अपने स्कूली जीवन में ही उन्होंने छोटे-छोटे एकांकी अभिनीत किए थे, जिसमें 'बाल सखा', 'शिवाजी', 'प्रयागक सेवा' आदि मुख्य हैं। ये पारम्परिक एकांकी यद्यपि शिल्प दृष्टि से अपरिपक्व हैं किन्तु इनमें आधुनिक पाश्चात्य शैली की झलक अवश्य मिलती है।

सन् 1962-63 में माथुरजी उत्तर बिहार के तिरहुत प्रमंडल के कमिश्नर नियुक्त हुए। सन् 1963-64 में इन्होंने एक वर्ष के लिए हार्वर्ड विश्वविद्यालय में विजिटिंग फैलो के रूप में कार्य किया। सन् 1971 से सन् 1973 में दिल्ली में 'कृषि मन्त्रालय' में इन्होंने हिन्दी सलाहकार के रूप में कार्य किया। 14 मई सन् 1978 को हृदयगति

रुक जाने से दिल्ली में इनका निधन हो गया।

रचनाएँ

नाटक–'कोणार्क' (1951), 'शारदीया' (1960), 'पहला राजा'(1969), 'दशरथनंदन' (1974), 'रघुकुलरीति' (1974)।

एकांकी–'भोर का तारा' (संग्रह) (1957), 'ओ मेरे सपने' (संग्रह) (1953)।

सम्पादन–'प्राचीन भाषा नाटक संग्रह'।

नाट्यालोचन–'परम्पराशील नाट्य'।

'रीढ़ की हड्डी' एकांकी भी सामाजिक यथार्थवादी एकांकी है, जो मध्यवर्गीय परिवार की ज्वलन्त समस्या को अत्यन्त सजीवता से उजागर करता है।

शरीर को सशक्त, सुदृढ़ और सुडौल बनाए रखने, तन्त्रिका तन्त्र की व्यवस्था आदि को बनाए रखने के लिए रीढ़ की हड्डी महत्त्वपूर्ण है। जिसके बिना मनुष्य की कल्पना भी सम्भव नहीं है। इसीलिए यह मुहावरा बन गया। माथुरजी के इस नाटक में यह दर्शाने का प्रयास किया गया है कि चरित्र पुरुषों के पौरुष की रीढ़ की हड्डी है। जिस प्रकार रीढ़ के बिना जैसे शरीर लिजलिजा हो सकता है, उसी प्रकार चरित्र के बिना पौरुष भी गिलगिला रहेगा। केवल नर जोड़े के रूप में ही पौरुष की सार्थकता नहीं, अपितु इस एकांकी में रीढ़ की दुहरी सार्थकता है। शंकर का शारीरिक गठन कुछ ऐसा है मानो देह में रीढ़ ही नहीं है, झुककर बैठने के कारण उसके पिता भी यही शंका व्यक्त करते हैं। दूसरी ओर लड़कियों के हॉस्टल में ताक-झाँक करके ओछी हरकत करते हुए पकड़े जाने पर नौकरानी के पैर पकड़ना उसे रीढ़विहीन दर्शाता है। प्रस्तुत एकांकी में जहाँ लड़की दिखाए जाने की अपमानजनक प्रथा पर चोट की गई है वहीं स्त्रियों के मानवाधिकार की वकालत की गई है। लड़कियाँ बेबस भेड़-बकरियाँ नहीं जिनको कसाई अच्छी तरह देखभाल करके खरीदते हैं। न ही बेजान कुर्सी-मेज हैं, जिन्हें केवल खरीददार को पसन्द आना चाहिए।

इसमें स्त्रियों की सामाजिक स्थिति तथा विवशताओं का चित्रण हुआ है। विवाह-प्रणाली में वर पक्ष की हृदयहीनता पर व्यंग्य किया गया है, जहाँ वर पक्ष अपने दुर्गुणों को तो छिपाने की चेष्टा करता है किन्तु कन्या पक्ष के गुणों में भी दोष ढूँढ़ता है। रामगोपाल अपने बेटे की रीढ़ की टूटी हड्डी छिपाते हैं, किन्तु उमा की शिक्षा को भी दूषित बताते हैं। वर पक्ष वाले कन्या पक्ष वालों के साथ कैसा अनुचित व्यवहार करते हैं, वर द्वारा कन्या को कितनी कठोर परीक्षा देनी पड़ती है–समाज की ऐसी घृणित मनोवृत्तियों का चित्रण इस एकांकी में मिलता है। शिक्षा और नवजागरण के वातावरण में विकसित कन्या की चेतना वर पक्ष की व्यावसायिक वृत्ति से साक्षात्कार कर आवेश से चीत्कार कर उठती है। पिता की इच्छा का सम्मान करते हुए परिस्थिति के साथ समझौता करनेवाली उमा के हृदय की मूक वेदना ज्वालामुखी के विस्फोट के

समान फूट पड़ती है, जब गोपालप्रसाद का अपमानजनक व्यवहार सीमा का अतिक्रमण कर जाता है। सामाजिक रूढ़ि की बलिवेदी पर एक पढ़ी-लिखी लड़की द्वारा बलि होना अस्वीकार कर दिया जाना और परम्परा के प्रति विद्रोह-विद्रूप को भी स्पष्ट अभिव्यक्त करना युवावर्ग की प्रकृति के काफी नज़दीक की संवेदना है। यही कारण था कि एक ही बैठक में लिखा गया यह एकांकी, लेखक के अनुसार जिसमें शिल्प और शैली को सँवारने का अवकाश ही न था, भी इतना लोकप्रिय हुआ कि विद्यालयों में रंगमंच पर आज तक उसकी माँग रही है। यह एक सुगठित एकांकी है, जिसमें पात्रों की सजीवता और कथानक की कसावट से एकांकी का अन्त अत्यन्त मार्मिक बनता है।

रीढ़ की हड्डी

जगदीशचन्द्र माथुर

पात्र-पात्री

उमा : *लड़की*
रामस्वरूप : *लड़की का पिता*
प्रेमा : *लड़की की माँ*
शंकर : *लड़का*
गोपालप्रसाद : *लड़के का बाप*
रतन : *नौकर*

[मामूली तरह से सजा हुआ एक कमरा। अन्दर के दरवाजे से आते हुए जिन महाशय की पीठ नज़र आ रही है, वे अधेड़ उम्र के मालूम होते हैं, एक तख्त को पकड़े हुए पीछे की ओर चलते-चलते कमरे में आते हैं। तख्त का दूसरा सिरा उनके नौकर ने पकड़ रखा है।]

बाबू : अबे, धीरे-धीरे चल।...तख्त को उधर मोड़ दे...उधर...बस, बस।

नौकर : बिछा दूँ साहब?

बाबू : *(जरा तेज़ आवाज़ में)* और क्या करेगा? परमात्मा के यहाँ अक्ल बँट रही थी तो तू देर से पहुँचा था क्या?...बिछा दूँ साब! और यह पसीना किसलिए बहाया है?

नौकर : *(तख़्त बिछाता है)* ही-ही-ही।

बाबू : हँसता क्यों है?...अबे हमने भी जवानी में कसरतें की हैं!...कलसों से नहाता था लोटों की तरह। यह तख़्त क्या चीज़ है?...उसे सीधा कर ...यों...हाँ बस।...और सुन, बहूजी से दरी माँग ला, इसके ऊपर बिछाने के लिए। चद्दर भी, कल जो धोबी के यहाँ से आई है, वही।

[नौकर जाता है। बाबू साहब इस बीच में मेज़पोश ठीक करते हैं। एक झाड़न से गुलदस्ते को साफ़ करते हैं। कुर्सियों पर भी दो-चार हाथ लगाते हैं। सहसा घर की मालकिन प्रेमा आती है। गंदुमी रंग, छोटा कद। चेहरे और आवाज से जाहिर होता है किसी काम में बहुत व्यस्त हैं। उनके पीछे-पीछे भीगी बिल्ली की तरह नौकर आ रहा है–खाली हाथ। बाबू साहब–श्री रामस्वरूप–दोनों की तरफ़ देखने लगते हैं...]

प्रेमा : मैं कहती हूँ तुम्हें इस वक्त धोती की क्या जरूरत पड़ गई! एक तो वैसे ही जल्दी-जल्दी में...

रामस्वरूप : धोती!

प्रेमा : हाँ; अभी तो बदलकर आए हो और फिर न जाने किसलिए...

रामस्वरूप : लेकिन तुमसे धोती माँगी किसने?

प्रेमा : यही तो कह रहा था रतन!

रामस्वरूप : क्यों बे रतन, तेरे कानों में डाट लगी है क्या? मैंने कहा था, धोबी के यहाँ से जो चद्दर आई है, उसे माँग ला...अब तेरे लिए दूसरा दिमाग कहाँ से लाऊँ। उल्लू कहीं का।

प्रेमा : अच्छा जा; पूजा वाली कोठरी में लकड़ी के बक्स के ऊपर धुले हुए कपड़े रखे हैं न! उन्हीं में से एक चद्दर उठा ला।

रतन : और दरी?

प्रेमा : दरी यहीं तो रखी है, कोने में। वह पड़ी तो है।

रामस्वरूप : *(दरी उठाते हुए)* और बीबी जी के कमरे में से हारमोनियम उठा ला, और सितार भी।...जल्दी जा।

[रतन जाता है। पति-पत्नी तख्त पर दरी बिछाते हैं]

प्रेमा : लेकिन वह तुम्हारी लाड़ली बेटी तो मुँह फुलाए पड़ी है।

रामस्वरूप : मुँह फुलाए!...और तुम उसकी माँ किस मर्ज़ की दवा हो? जैसे-तैसे करके तो वे लोग पकड़ में आए हैं। अब तुम्हारी बेवकूफ़ी से सारी मेहनत बेकार जाए तो मुझे दोष मत देना।

प्रेमा : तो मैं ही क्या करूँ? सारे जतन करके तो हार गई। तुम्हीं ने उसे पढ़ा-लिखा कर इतना सिर चढ़ा रखा है। मेरी समझ में तो ये पढ़ाई-लिखाई के जंजाल आते नहीं। अपना ज़माना अच्छा था! 'आ ई' पढ़ ली, गिनती सीख ली, और बहुत हुआ तो 'स्त्री-सुबोधनी' पढ़ लो। सच पूछो तो स्त्री-सुबोधनी में ऐसी-ऐसी बातें लिखी हैं–ऐसी बातें कि क्या तुम्हारी बी.ए., एम.ए. की पढ़ाई होगी। और आजकल के तो लच्छन ही अनोखे हैं...

रामस्वरूप : ग्रामोफ़ोन बाजा होता है न?

प्रेमा : क्यों?

रामस्वरूप : दो तरह का होता है। एक तो आदमी का बनाया हुआ। उसे एक बार चलाकर जब चाहे तब रोक लो। और दूसरा परमात्मा का बनाया हुआ। रिकार्ड एक बार चढ़ा तो रुकने का नाम नहीं।

प्रेमा : हटो भी। तुम्हें ठिठोली ही सूझती रहती है। यह तो होता नहीं कि उस अपनी उमा को राह पर लाते, अब देर ही कितनी रही है उन लोगों के आने में।

रामस्वरूप : तो हुआ क्या?

प्रेमा : तुम्हीं ने तो कहा था कि जरा ठीक-ठाक करके नीचे लाना। आजकल तो लड़की कितनी ही सुन्दर हो, बिना टीमटाम के भला कौन पूछता है? इसी मारे मैंने तो पौडर-वौडर उसके सामने रखा था। पर उसे तो इन चीजों से न जाने किस जनम की नफरत है। मेरा कहना कि आँचल में मुँह लपेटकर लेट गई। भई, मैं बाज आई तुम्हारी इस लड़की से।

रामस्वरूप : न जाने कैसा इसका दिमाग है। वरना आजकल की लड़कियों के सहारे तो पौडर का कारबार चलता है।

प्रेमा : अरे मैंने तो पहले ही कहा। इंट्रेंस ही पास करा देते—लड़की अपने हाथ रहती, और इतनी परेशानी न उठानी पड़ती! पर तुम तो...

रामस्वरूप : *(बात काटकर)* चुप, चुप।...*(दरवाजे में झाँकते हुए)* तुम्हें कतई अपनी जबान पर काबू नहीं है। कल ही यह बता दिया था कि उन लोगों के सामने जिक्र और ढंग से होगा। मगर तुम तो अभी से सबकुछ उगले देती हो। उनके आने तक तो न जाने क्या हाल करोगी।

प्रेमा : अच्छा बाबा, मैं न बोलूँगी। जैसी मर्जी हो, करना। बस मुझे तो मेरा काम बता दो!

रामस्वरूप : तो उमा को जैसे हो, तैयार कर लो। न सही पौडर, वैसे कौन बुरी है। पान लेकर भेज देना उसे। और, नाश्ता तो तैयार है न? *(रतन का आना)* आ गया रतन?...इधर ला, इधर। बाबा नीचे रख दे। चद्दर खोल। पकड़ा तो ज़रा उधर से।

[चद्दर बिछाते हैं।]

प्रेमा : नाश्ता तो तैयार है मिठाई तो वे लोग ज्यादा खाएँगे नहीं। कुछ नमकीन चीजें बना दी हैं। फल रखे हैं। चाय तैयार है और टोस्ट भी। मगर हाँ, मक्खन? मक्खन तो आया ही नहीं।

रामस्वरूप : क्या कहा? मक्खन नहीं आया! तुम्हें भी किस वक्त याद आई है। जानती हो कि मक्खन वाले की दुकान दूर है, पर तुम्हें तो ठीक वक्त पर कोई बात सूझती ही नहीं। अब बताओ, रतन मक्खन लाए कि यहाँ का काम करे! दफ्तर के चपरासी से कहा था आने के लिए, सो नखरों के मारे...

प्रेमा : वहाँ का काम कौन ज्यादा है? कमरा तो सब ठीक-ठाक है ही। बाजा-सितार आ ही गया। नाश्ता यहाँ बराबर वाले कमरे में ट्रे में रखा हुआ है, सो तुम्हें पकड़ा दूँगी। एकाध चीज खुद ले आना। इतनी देर में रतन मक्खन ले ही आएगा।...दो आदमी ही तो हैं?

रामस्वरूप : हाँ, एक तो बाबू गोपाल प्रसाद और दूसरा खुद लड़का है। देखो, उमा से कह देना कि जरा करीने से आए। ये लोग जरा ऐसे ही हैं। गुस्सा तो मुझे बहुत आता है इनके दकियानूसी खयालों पर। खुद पढ़े-लिखे हैं, वकील हैं, सभा-सोसाइटियों में जाते हैं, मगर लड़की चाहते हैं ऐसी कि ज्यादा पढ़ी-लिखी न हो।

प्रेमा : और लड़का?

रामस्वरूप : बताया तो था तुम्हें। बाप सेर है तो लड़का सवा सेर। बी.एस-सी. के बाद लखनऊ में ही तो पढ़ता है मेडिकल कॉलेज में। कहता है कि शादी का सवाल दूसरा है, तालीम का दूसरा। क्या करूँ, मजबूरी है। मतलब अपना है, वरना इन लड़कों और इनके बापों को ऐसी कोरी-कोरी सुनाता कि ये भी...

रतन : *(जो अब तक दरवाजे के पास चुपचाप खड़ा हुआ था, जल्दी-जल्दी)* बाबूजी, बाबूजी।

रामस्वरूप : क्या है?

रतन : कोई आते हैं।

रामस्वरूप : *(दरवाजे से बाहर झाँककर जल्दी मुँह अन्दर करते हुए)* अरे, ए प्रेमा, वे आ भी गए। *(नौकर पर नजर पड़ते ही)* अरे तू यहीं खड़ा है, बेवकूफ। गया नहीं मक्खन लाने?...सब चौपट कर दिया...अबे उधर से नहीं, अन्दर के दरवाजे से जा *(नौकर अन्दर जाता है)*...और तुम जल्दी करो प्रेमा। उमा को समझा देना थोड़ा-सा गा देगी।

[प्रेमा जल्दी से अन्दर की तरफ जाती है। उसकी धोती जमीन पर रखे हुए बाजे से अटक जाती है।]

प्रेमा : उँह। यह बाजा वह नीचे ही रख गया है, कमबख़्त।

रामस्वरूप : तुम जाओ, मैं रखे देता हूँ।...जल्दी

[प्रेमा जाती है, बाबू रामस्वरूप बाजा उठाकर रखते हैं। किवाड़ों

पर दस्तक।]

रामस्वरूप : हँ-हँ-हँ। आइए, आइए हँ-हँ-हँ।

[बाबू गोपाल प्रसाद और उनके लड़के शंकर का आना। आँख से लोक-चतुराई टपकती है। आवाज से मालूम होता है कि काफी अनुभवी और फ़ितरती महाशय हैं। उनका लड़का कुछ खीस निपोरने वाले नौजवानों में से है। आवाज पतली है और खिसियाहट-भरी। झुकी कमर इनकी खासियत है।]

रामस्वरूप : *(अपने दोनों हाथ मलते हुए)* हँ-हँ, इधर तशरीफ लाइए इधर...।

[बाबू गोपाल प्रसाद बैठते हैं, मगर बेंत गिर पड़ता है।]

रामस्वरूप : यह बेंत!...लाइए मुझे दीजिए। *(कोने में रख देते हैं, सब बैठते हैं)* हँ-हँ...मकान ढूँढ़ने में कुछ तकलीफ़ तो नहीं हुई?

गोपाल : *(खँखार कर)* नहीं। ताँगे वाला जानता था...और फिर हमें तो यहाँ आना ही था। रास्ता मिलता कैसे नहीं?

रामस्वरूप : हँ-हँ-हँ। यह तो आपकी बड़ी मेहरबानी है। मैंने आपको तकलीफ़ तो दी...

गोपाल : अरे नहीं साहब! जैसा मेरा काम, वैसा आपका काम। आख़िर लड़के की शादी तो करनी ही है। बल्कि यों कहिए कि मैंने आप के लिए ख़ासी परेशानी कर दी!

रामस्वरूप : हँ-हँ-हँ यह? लीजिए, आप तो मुझे काँटों में घसीटने लगे। हम तो आपके—हँ-हँ—सेवक ही हैं—हँ-हँ! *(थोड़ी देर बाद लड़के की ओर मुख़ातिब होकर)* और कहिए, शंकर बाबू, कितने दिनों की छुट्टियाँ हैं?

शंकर : जी, कॉलिज की तो छुट्टियाँ नहीं हैं। 'वीक एंड' में चला आया था।

रामस्वरूप : तो आपके कोर्स खत्म होने में तो अब साल भर रहा होगा?

शंकर : जी, यही कोई साल दो साल।

रामस्वरूप : साल दो साल?

शंकर : हँ-हँ-हँ!...जी, एकाध साल का 'मार्जिन' रखता हूँ...

गोपाल : बात यह है साहब कि यह शंकर एक साल बीमार हो गया था। क्या बताएँ, इन लोगों को इसी उम्र में सारी बीमारियाँ सताती हैं। एक हमारा जमाना था कि स्कूल से आकर दर्जनों कचौड़ियाँ उड़ा जाते थे, मगर फिर जो खाना खाने बैठते तो वैसी-की-वैसी ही भूख!

रामस्वरूप : कचौड़ियाँ भी तो उस जमाने में पैसे की दो आती थीं।

गोपाल : जनाब, वह हाल था कि चार पैसे में ढेर-सी मलाई आती थी। और अकेले दो आने की हजम करने की ताकत थी, अकेले! और अब तो बहुतेरे खेल वगैरह भी होते हैं स्कूल में। तब न कोई वौलीबॉल

जानता था, न टेनिस, न बैडमिंटन। बस कभी हॉकी या कभी क्रिकेट कुछ लोग खेला करते थे। मगर मजाल कि कोई कह जाए कि लड़का कमजोर है।

[शंकर और रामस्वरूप खीसें निपोरते हैं।]

रामस्वरूप : जी हाँ, जी हाँ! उस जमाने की बात ही दूसरी थी, हँ-हँ!

गोपाल : *(जोशीली आवाज में)* और पढ़ाई का यह हाल था कि एक बार कुर्सी पर बैठे कि बारह घंटे की 'सिटिंग' हो गई, बारह घंटे जनाब! मैं सच कहता हूँ कि उस जमाने का मैट्रिक भी वह अंग्रेजी लिखता था फर्राटे की, कि आजकल के एम.ए. भी मुकाबिला नहीं कर सकते।

रामस्वरूप : जी हाँ, जी हाँ। यह तो है ही।

गोपाल : माफ कीजिएगा बाबू रामस्वरूप, उस जमाने की जब याद आती है, अपने को जब्त करना मुश्किल हो जाता है।

रामस्वरूप : हँ-हँ-हँ!...जी जाँ वह तो रंगीन जमाना था, रंगीन जमाना! हँ-हँ-हँ!

[शंकर भी हीं-हीं करता है।]

गोपाल : *(एक साथ अपनी आवाज और तरीका बदलते हुए)* अच्छा, तो साहब, फिर 'बिजनेस' की बातचीत हो जाए।

रामस्वरूप : *(चौंककर)* बिजनेस?...बिजि... *(समझ कर)* ओह...अच्छा अच्छा। लेकिन जरा नाश्ता तो कर लीजिए।

[उठते हैं।]

गोपाल : यह सब आप क्या तकल्लुफ करते हैं!

रामस्वरूप : हँ-हँ-हँ। तकल्लुफ किस बात का। हँ-हँ! यह तो मेरी बड़ी तकदीर है कि आप मेरे यहाँ तशरीफ लाए। वरना मैं किस काबिल हूँ। हँ-हँ... माफ कीजिएगा जरा। अभी हाजिर हुआ।

[अन्दर जाते हैं।]

गोपाल : *(थोड़ी देर बाद दबी आवाज में)* आदमी तो भला है। मकान-वकान से हैसियत भी बुरी नहीं मालूम होती। पता चले, लड़की कैसी है!

शंकर : जी...

[कुछ खँखारकर इधर-उधर देखता है।]

गोपाल : क्यों, क्या हुआ?

शंकर : कुछ नहीं।

गोपाल : झुककर क्यों बैठते हो? ब्याह तय करने आए हो, कमर सीधी करके बैठो। तुम्हारे दोस्त ठीक कहते हैं कि शंकर की 'बैकबोन'...

[इतने में बाबू रामस्वरूप आते हैं, हाथ में चाय की ट्रे लिए हुए मेज पर रख देते हैं।]

गोपाल : आखिर आप माने नहीं!

रामस्वरूप : *(चाय प्याले में ढालते हुए)* हँ-हँ-हँ! आपको विलायती चाय पसन्द है या हिन्दुस्तानी?

गोपाल : नहीं, नहीं, साहब, मुझे आधा दूध और आधी चाय दीजिए। और जरा चीनी ज्यादा डालिएगा। मुझे तो भई यह नया फैशन पसन्द नहीं। एक तो वैसे ही चाय में पानी काफी होता है, और फिर चीनी भी नाम के लिए डाली जाए, तो जायका क्या रहेगा?

रामस्वरूप : हँ-हँ, कहते तो आप सही हैं।

[प्याला पकड़ाते हैं।]

शंकर : *(खँखारकर)* सुना है, सरकार अब ज्यादा चीनी लेने वालों पर 'टैक्स' लगाएगी।

गोपाल : *(चाय पीते हुए)* हूँ। सरकार जो चाहे सो कर ले, पर अगर आमदनी करनी है तो सरकार को बस एक ही टैक्स लगाना चाहिए।

रामस्वरूप : *(शंकर को प्याला पकड़ाते हुए)* वह क्या?

गोपाल : खूबसूरती पर टैक्स! *(रामस्वरूप और शंकर हँस पड़ते हैं)* मजाक नहीं साहब, यह ऐसा टैक्स है जनाब, कि देने वाले चूँ भी न करेंगे। बस शर्त यह है कि हर एक औरत पर यह छोड़ दिया जाए कि वह अपनी खूबसूरती के 'स्टैंडर्ड' के माफिक अपने ऊपर टैक्स तय कर ले। फिर देखिए सरकार की कैसी आमदनी बढ़ती है।

रामस्वरूप : *(जोर से हँसते हुए)* वाह-वाह! खूब सोचा आपने। वाक़ई आजकल यह खूबसूरती का सवाल भी बेढब हो गया है। हम लोगों के ज़माने में तो यह कभी उतना भी न था *(तश्तरी गोपाल प्रसाद की तरफ बढ़ाते हैं।)* लीजिए।

गोपाल : *(समोसा उठाते हुए)* कभी नहीं साहब, कभी नहीं।

रामस्वरूप : *(शंकर की तरफ मुखातिब होकर)* आपका क्या खयाल है, शंकर बाबू?

शंकर : किस मामले में?

रामस्वरूप : यही कि शादी तय करने में ख़ूबसूरती का हिस्सा कितना होना चाहिए।

गोपाल : *(बीच में ही)* यह बात दूसरी है बाबू रामस्वरूप, मैंने आपसे पहले भी कहा था, लड़की का खूबसूरत होना निहायत जरूरी है—कैसे भी हो, चाहे पाउडर वगैरह लगाए, चाहे वैसे ही। बात यह है कि हम-आप मान भी जाएँ मगर घर की औरतें तो राज़ी नहीं होतीं। आपकी लड़की तो ठीक है?

रामस्वरूप : जी हाँ, वह तो अभी आप देख लीजिएगा।

गोपाल : देखना क्या। जब आपसे इतनी बातचीत हो चुकी है, तब तो यह रस्म ही समझिए।

रामस्वरूप : हँ-हँ, यह तो आपका मेरे ऊपर भारी एहसान है। हँ-हँ!

गोपाल : और जायचा (जन्मपत्र) तो मिल ही गया होगा।

रामस्वरूप : जी जायचे का मिलना क्या मुश्किल बात है। ठाकुर जी के चरणों में रख दिया। बस, ख़ुद-ब-ख़ुद मिला हुआ समझिए।

गोपाल : यह ठीक कहा आपने, बिल्कुल ठीक *(थोड़ी देर रुककर)* लेकिन हाँ, यह जो मेरे कानों में भनक पड़ी है, यह तो गलत है न?

रामस्वरूप : *(चौंककर)* क्या?

गोपाल : यही पढ़ाई-लिखाई के बारे में!...जी हाँ, साफ बात है साहब, हमें ज्यादा पढ़ी-लिखी लड़की नहीं चाहिए। मेम साहब तो रखनी नहीं, कौन भुगतेगा उनके नखरों को। बस हद-से-हद मैट्रिक पास होनी चाहिए...क्यों शंकर?

शंकर : जी हाँ कोई नौकरी तो करानी नहीं।

रामस्वरूप : नौकरी का तो कोई सवाल ही नहीं उठता।

गोपाल : और क्या साहब! देखिए कुछ लोग मुझसे कहते हैं कि जब आपने अपने लड़कों को बी.ए., एम.ए. तक पढ़ाया है, तब उनकी बहुएँ भी ग्रेजुएट लीजिए। भला पूछिए इन अक्ल के ठेकेदारों से कि क्या लड़कों की पढ़ाई और लड़कियों की पढ़ाई एक बात है! अरे मर्दों का काम तो है ही पढ़ना और क़ाबिल होना। अगर औरतें भी वही करने लगीं, अंग्रेज़ी अख़बार पढ़ने लगीं और 'पॉलिटिक्स' वगैरह पर बहस करने लगीं तब तो हो चुकी गृहस्थी। जनाब, मोर के पंख होते हैं, मोरनी के नहीं, शेर के बाल होते हैं, शेरनी के नहीं।

रामस्वरूप : जी हाँ, और मर्द के दाढ़ी होती है, औरत के नहीं। हँ...हँ...हँ...!

[शंकर भी हँसता है, मगर गोपाल प्रसाद गम्भीर हो जाते हैं।]

गोपाल : हाँ, हाँ। वह भी सही है। कहने का मतलब यह है कि कुछ बातें दुनिया में ऐसी हैं, जो सिर्फ़ मर्दों के लिए हैं और ऊँची तालीम भी ऐसी ही चीज़ों में से एक है।

रामस्वरूप : *(शंकर से)* चाय और लीजिए।

शंकर : धन्यवाद! पी चुका

रामस्वरूप : *(गोपाल प्रसाद से)* आप?

गोपाल : बस साहब, अब तो खत्म ही कीजिए।

रामस्वरूप : आपने तो कुछ खाया ही नहीं। चाय के साथ 'टोस्ट' नहीं थे। क्या

बताएँ, वह मक्खन...

गोपाल : नाश्ता ही तो करना था साहब, कोई पेट तो भरना था नहीं। और फिर टोस्ट-वोस्ट मैं खाता भी नहीं।

रामस्वरूप : हँ-हँ! *(मेज को एक तरफ सरका देते हैं। फिर अन्दर के दरवाजे की तरफ मुँह कर जरा जोर से)* अरे, जरा पान भिजवा देना! कहिए सिगरेट मँगवाऊँ?

गोपाल : जी नहीं।

[पान की तश्तरी हाथों में लिये उमा आती है। सादगी के कपड़े। गर्दन झुकी हुई। बाबू गोपाल प्रसाद आँखें गड़ाकर और शंकर आँखें छिपाकर उसे ताक रहे हैं।]

रामस्वरूप : हाँ...हाँ...!...यही, हँ-हँ, आपकी लड़की है। लाओ बेटी पान मुझे दो।

[उमा पान की तश्तरी अपने पिता को देती है। उस समय उसका चेहरा ऊपर को उठ जाता है और नाक पर रखा हुआ सोने की रिम वाला चश्मा दीखता है। बाप-बेटे चौंक उठते हैं।]

गो. और शं. : *(एक साथ)* चश्मा!

रामस्वरूप : *(जरा सकपका कर)* जी, वह तो...वह...पिछले महीने में इसकी आँखें दुखनी आ गई थीं, सो कुछ दिनों के लिए चश्मा लगाना पड़ रहा है।

गोपाल : पढ़ाई-वढ़ाई की वजह से तो नहीं है कुछ?

रामस्वरूप : नहीं साहब, वह तो मैंने अर्ज किया न।

गोपाल : हूँ। *(सन्तुष्ट होकर कुछ कोमल स्वर में)* बैठो बेटी।

रामस्वरूप : वहाँ बैठ जाओ उमा, उस तख्त पर, अपने बाजे-वाजे के पास।

[उमा बैठती है।]

गोपाल : चाल में तो कुछ खराबी है नहीं। चेहरे पर भी छवि है।...हाँ, कुछ गाना-बजाना सीखा है?

रामस्वरूप : जी हाँ, सितार भी और बाजा भी। सुनाओ तो उमा एकाध गीत सितार के साथ।

[उमा सितार उठाती है। थोड़ी देर बाद मीरा का मशहूर गीत 'मेरे तो गिरधर गोपाल दूसरा न कोई' गाना शुरू कर देती है। स्वर से जाहिर है कि गाने का अच्छा ज्ञान है। उसके स्वर में तल्लीनता आ जाती है, यहाँ तक कि उसका मस्तक उठ जाता है। उसकी आँखें शंकर की झेंपती-सी आँखों से मिल जाती हैं और वह गाते-गाते एक साथ रुक जाती है।]

रामस्वरूप : क्यों, क्या हुआ? गाने को पूरा करो उमा।

गोपाल : नहीं, नहीं, साहब, काफी है। लड़की आपकी अच्छा गाती है।

[उमा सितार रखकर अन्दर जाने को उठती है।]

गोपाल : अभी ठहरो, बेटी।

रामस्वरूप : थोड़ा और बैठी रहो, उमा!

[उमा बैठती है।]

गोपाल : *(उमा से)* तो तुमने पेंटिंग-वेंटिंग भी...

उमा : *(चुप)*

रामस्वरूप : हाँ, वह तो मैं आपको बताना भूल ही गया। वह जो तसवीर टँगी हुई है, कुत्ते वाली, इसी ने खींची है। और वह उस दीवार पर भी।

गोपाल : हूँ! यह तो बहुत अच्छा है। और सिलाई वगैरह?

रामस्वरूप : सिलाई तो सारे घर की इसी के जिम्मे रहती है, यहाँ तक कि मेरी कमीज़ें भी। हँ...हँ...हँ...।

गोपाल : ठीक।...लेकिन, हाँ बेटी, तुमने कुछ इनाम-विनाम भी जीते हैं?

[उमा चुप है। रामस्वरूप इशारे के लिए खाँसते हैं। लेकिन उमा चुप है। उसी तरह गर्दन झुकाए। गोपाल प्रसाद अधीर हो उठते हैं और रामस्वरूप सकपकाते हैं।]

रामस्वरूप : जवाब दो उमा। *(गोपाल से)* हँ-हँ जरा शरमाती है, इनाम तो इसने...

गोपाल : **(जरा रूखी आवाज में)** जरा इसे भी तो मुँह खोलना चाहिए।

रामस्वरूप : उमा, देखो, आप क्या कह रहे हैं। जवाब दो न।

उमा : *(हल्की लेकिन मजबूत आवाज में)* क्या जवाब दूँ बाबूजी! जब कुर्सी-मेज बिकती है तब दुकानदार कुर्सी-मेज से कुछ नहीं पूछता, सिर्फ खरीददार को दिखला देता है। पसन्द आ गई तो अच्छा है वरना...

रामस्वरूप : *(चौंककर खड़े हो जाते हैं)* उमा, उमा!

उमा : अब मुझे कह लेने दीजिए बाबू जी।...ये जो महाशय मेरे खरीददार बनकर आए हैं, इनसे जरा पूछिए कि क्या लड़कियों के दिल नहीं होता? क्या उनके चोट नहीं लगती? क्या वे बेबस भेड़-बकरियाँ हैं, जिन्हें कसाई अच्छी तरह देखभाल कर खरीदते हैं?

गोपाल : *(ताव में आकर)* बाबू रामस्वरूप, आपने मेरी इज्जत उतारने के लिए मुझे यहाँ बुलाया था?

उमा : *(तेज आवाज में)* जी हाँ, और हमारी बेइज्जती नहीं होती, जो आप इतनी देर से नाप-तोल कर रहे हैं? और जरा अपने इन साहबजादे से पूछिए कि अभी पिछली फरवरी में ये लड़कियों के होस्टल के इर्द-गिर्द घूम रहे थे, और वहाँ से कैसे भगाए गए थे!

शंकर : बाबूजी, चलिए।

गोपाल : लड़कियों के होस्टल में?...क्या तुम कॉलिज में पढ़ी हो?

[रामस्वरूप चुप!]

उमा : जी हाँ, मैं कॉलेज में पढ़ी हूँ। मैंने बी.ए. पास किया है। कोई पाप नहीं किया, कोई चोरी नहीं की। और न आपके पुत्र की तरह ताक-झाँक कर कायरता दिखाई है। मुझे अपनी इज्जत–अपने मान का खयाल तो है। लेकिन इनसे पूछिए कि ये किस तरह नौकरानी के पैरों पड़कर अपना मुँह छिपाकर भागे थे।

रामस्वरूप : उमा, उमा!

गोपाल : *(खड़े होकर गुस्से में)* बस हो चुका। बाबू रामस्वरूप, आपने मेरे साथ दग़ा किया। आपकी लड़की बी.ए. पास है और आपने मुझसे कहा था कि सिर्फ मैट्रिक तक पढ़ी है। लाइए मेरी छड़ी कहाँ है! मैं चलता हूँ। *(छड़ी ढूँढ़ कर उठाते हैं)* बी.ए. पास? उफ्फोह! गजब हो जाता। झूठ का भी कुछ ठिकाना है! आओ बेटे, चलो...

[दरवाजे की ओर बढ़ते हैं।]

उमा : जी हाँ, जाइए, जरूर चले जाइए। लेकिन घर जाकर जरा यह पता लगाइएगा कि आपके लाड़ले बेटे के रीढ़ की हड्डी भी है या नहीं–यानी बैकबोन, बैकबोन...

[बाबू गोपाल प्रसाद के चेहरे पर बेबसी का गुस्सा है और उनके लड़के के रुआँसापन। दोनों बाहर चले जाते हैं। बाबू रामस्वरूप कुर्सी पर धम से बैठ जाते हैं। उमा सहसा चुप हो जाती है। और उसकी हँसी सिसकियों में तबदील हो जाती है। प्रेमा का घबराहट की हालत में आना]

प्रेमा : उमा उमा...रो रही है?

[यह सुनकर रामस्वरूप खड़े होते हैं। रतन आता है।]

रतन : बाबूजी, मक्खन।

[सब रतन की तरफ देखते हैं और पर्दा गिरता है।]

❑

लक्ष्मीनारायण लाल

डॉ. लक्ष्मीनारायण लाल हिन्दी साहित्य के इतिहास में अपनी लौह लेखनी के कारण असाधारण महत्त्व रखते हैं। वे बहुमुखी प्रतिभा वाले कलाकार हैं। किन्तु एक नाटककार के रूप में उन्होंने जितनी ख्याति प्राप्त की है, उतनी अन्य क्षेत्रों में नहीं। नाटक साहित्य के क्षेत्र में उनकी देन महत्त्वपूर्ण है।

'लाल' का जन्म 4 मार्च सन् 1927 को एक सामान्य कृषक परिवार में हुआ। परिवार की आर्थिक स्थिति साधारण थी। 16 वर्ष की आयु में उनका विवाह फैज़ाबाद जिले के टाँडा तहसील की 14 वर्षीय सुश्री आरती से हो गया। विवाह हो जाने के उपरान्त इस उत्तरदायित्व एवं कर्त्तव्य का निर्वाह लाल ने बखूबी किया। जुलाई सन् 1946 में इंटर की परीक्षा उत्तीर्ण करने के पश्चात लाल की हार्दिक इच्छा हुई कि बी. ए. इलाहाबाद विश्वविद्यालय से किया जाए, किन्तु घर की आर्थिक स्थिति मार्ग में बाधा थी। जीवन के ज्वार में लाल की नाव कभी ऊपर कभी नीचे हो रही थी—लगता था अब डूबी, तब डूबी। लेकिन लाल उस नाविक की भाँति थे जो बर्फीली चट्टानों तथा हिमानी पठारों से टकराकर भी अपना रास्ता खोज निकालता है। ये बाधाएँ योद्धा लाल के समक्ष चक्रव्यूह सदृश थीं, जिनसे मुक्त होने के लिए अभिमन्यु सा साहस अपेक्षित था। लाल ने इन बाधाओं पर क्रमशः विजय पाई। अभावों और विषमताओं से संघर्ष करते हुए सन् 1950 में इन्होंने हिन्दी विषय में एम.ए. कर लिया और सन् 1952 में इलाहाबाद विश्वविद्यालय से पी-एच.डी. की उपाधि प्राप्त की। सन् 1953 में लाल ने एस.एम. कॉलेज चंदौसी में एक वर्ष अध्यापन कार्य किया। फिर सन् 1955 में टी.एम.पी. कॉलेज इलाहाबाद में हिन्दी विभागाध्यक्ष के पद पर उनकी नियुक्ति हो गई। सन् 1956 में उनकी नियुक्ति आकाशवाणी के 'ड्रामा प्रोड्यूसर' के पद पर हो गई। सन् 1958 में इन्होंने 'नाटक केन्द्र' की स्थापना की। सन् 1965 में रोमानिया की बुखारेस्ट नगरी में आयोजित International Theatre Seminar में इन्होंने भारत की ओर से एकमात्र प्रतिनिधि के रूप में भाग लिया। इस यात्रा के दौरान उन्होंने विश्व के प्रमुख थियेटरों—ग्रीक, इटली और ब्रिटेन का निकट से निरीक्षण किया।

सन् 1965 की इस विदेश यात्रा के उपरान्त डॉ. लाल की नियुक्ति दिल्ली विश्वविद्यालय के हिन्दी विभाग में हो गई। उनकी नाट्य अभिरुचियाँ यहाँ भी अपने

विविध रंगों के साथ प्रकट हुईं और उन्होंने नाटक का एक विशेष पाठ्यक्रम तैयार किया। किन्तु नाटक के अध्ययन का यह किताबी ढंग उन्हें रास न आया। वे तो नाटक को व्यावहारिक रूप देना चाहते थे। फलतः दिल्ली विश्वविद्यालय को छोड़कर वे पुनः जीवन-जगत के उन्मुक्त मंच पर आ खड़े हुए। सन् 1987 तक डॉ. लाल निरन्तर साहित्य साधना में रत रहे।

डॉ. लाल की जीवन-दृष्टि बड़ी व्यापक है। उनका अध्ययन विस्तृत एवं गहन है। नाट्य-कला और रंगमंच से इनका विशेष सम्बन्ध है।

रचनाएँ

नाटक–'अन्धा कुआँ' (1955), 'मादा कैक्टस', 'हलका-फुलका प्रहसन' (1959), 'सुन्दर रस', 'सूखा सरोवर', 'तोता मैना', 'रक्त कमल', 'तीन आँखों वाली मछली' (1960), 'रातरानी' (1966), 'दर्पन' (1966), 'सूर्यमुख' (1968), 'कलंकी', 'मिस्टर अभिमन्यु' (1971) और 'करफ़्यू' (1972), 'अब्दुल्ला दीवाना' (1973), 'लीला नाट्य', 'व्यक्तिगत' (1975), 'सत्य हरिश्चन्द्र' (1976), 'यक्ष प्रश्न' (1976), 'नरसिंह कथा' (1975), 'पंच पुरुष' (1978), 'कथा विसर्जन' (1987)।

एकांकी संग्रह–'ताजमहल के आँसू' (1945), 'पर्वत के पीछे' 1952, 'नाटक बहुरंगी' (1964), 'नाटक बहुरूपी' (1964), 'दूसरा दरवाजा', 'खेल नहीं नाटक' (1978), 'नया तमाशा' (1982)। इन एकांकियों में स्त्री-पुरुष सम्बन्ध, नारी की पीड़ा, कुंठा, राजनीतिक, शैक्षणिक एवं समसामयिक समस्याओं का चित्रण किया गया है।

आलोचना–'आधुनिक नाटक और रंगमंच की शिल्प विधि का विकास'।

उपन्यास–'रूपजीवा', 'बड़ी चम्पा छोटी चम्पा', 'मन वृन्दावन', 'बया का घोंसला', 'साँप', 'प्रेम एक अपवित्र नदी', 'बसन्त की प्रतीक्षा'।

कथा-संग्रह–'एक बूँद जल', 'सूने आँगन रस बरसे', 'एक और कहानी'।

डॉ. लाल का व्यक्तित्व नाटकीय अनुभूति की निजता, अभिनेता के उत्साह और निर्देशक की पैनी दृष्टि के समन्वय से निर्मित है। उन्होंने अपने सभी नाटकों में समाज की विरूपताओं, जीवन की विसंगतियों तथा स्त्री-पुरुष के पारस्परिक सम्बन्धों को चित्रित किया है। चरित्र-सृष्टि में लक्ष्मीनारायण लाल को पर्याप्त सफलता मिली है। इनके नाटकों की संवाद-योजना भी स्वाभाविक एवं प्रभावपूर्ण है। टेकनीक की दृष्टि से इन्होंने पाश्चात्य और भारतीय पद्धतियों का समन्वय किया है। इनकी प्रतीक योजना महत्त्वपूर्ण है। डॉ. लाल का लक्ष्य समाज की विरूपता को संयम और तर्क के साथ चित्रित कर समाज के बदलते जीवन मूल्यों और नैतिक मानदंडों से अवगत कराना है। वे स्वयं कहते हैं–"मैं ऐसे नाटक लिखना चाहता हूँ जिनमें कोई बदसूरत बेनकाब कर दी गई हो, कोई घिनौना नासूर घाव साफ करके दिखा दिया गया

हो...'' डॉ. लाल के सभी नाटक अभिनेय हैं। उनकी विस्तृत रंग सूचनाएँ कलापूर्ण हैं। उनके कई नाटकों का सफल मंचन हो चुका है।

'बसन्त ऋतु का नाटक' एकांकी डॉ. लाल के 'नाटक बहुरूपी' एकांकी संग्रह में संगृहीत है। प्रस्तुत एकांकी में मध्यवर्गीय बुद्धिजीवी और तथाकथित शिक्षित वर्ग के आडम्बर पूर्ण जीवन और खोखले व्यवहार पर तीखा प्रहार किया है। पीढ़ियों के अन्तराल से वर्तमान समाज के सम्बन्धों की टकराहट को उभारते हुए डॉ. लाल ने दहेज प्रथा, कन्या की विवशता, माँ-बाप की परम्पराबद्ध संकीर्ण सोच आदि को एकांकी में विचारोत्तेजक रूप में चित्रित किया है। उन्होंने विवाह सम्बन्धों को तय करने की सौदेबाजी की विडम्बनापूर्ण स्थिति को बहुत सटीक और मनोवैज्ञानिक ढंग से उभारा है। प्रस्तुत एकांकी एक समसामयिक सामाजिक समस्या को प्रत्यक्ष दर्शानेवाला एकांकी है। एकांकी में धर्मेन्द्र का कथन है–''हमारे यहाँ शादियाँ होती हैं नौकरी के रिश्ते से, पद और भौतिक खयालों से। ब्याह हमारे यहाँ महज एक कर्मकांड है।'' और ''जहाँ व्यक्ति का मूल्य नहीं, उसकी भावनाओं की इज्ज़त नहीं–वहाँ इस शादी का कोई मूल्य नहीं।'' किन्तु धर्मेन्द्र का पिता आखिरकार दहेज ऐंठ कर ही रहता है। दहेज ही की बात तय न हो पाने के कारण ही बनारस और नैनीताल वाले दोनों लड़कों से बासन्ती की शादी की बात पक्की नहीं हो पाई थी।

प्रस्तुत एकांकी में घटना, स्थान और समय की एकता का ध्यान रखा गया है। एकांकी के अन्त में दर्शकों में से पात्रों का उठकर मंच पर आना एक नवीन प्रभावशाली शैली है। इसके माध्यम से दर्शकों को एकांकी की समस्या का प्रत्यक्ष सहभागी बनाया गया है। संवाद संक्षिप्त, चुस्त, सार्थक, सजीव और चमत्कारपूर्ण हैं।

बसन्त ऋतु का नाटक

लक्ष्मीनारायण लाल

पात्र

वह आदमी
युवक के पिता
युवती के पिता
युवक

[खुला मंच, एरेना थियेटर। मंच पर महज एक आदमी खड़ा हुआ दिखाई देता है। शेष मंच पर अंधकार है। वह आदमी पैंट और कमीज पहने हुए है। हाथ में छड़ी है। आँखों पर चश्मा है। अवस्था उसकी लगभग पैंतालीस वर्ष की है।]

वह आदमी : *(दर्शकों से)* कुछ ही दिन हुए मैंने अचानक ही संयोग से एक बसन्त देखा था। वह, बस अजब ही था। इतना अजब कि आप सबके सामने वह बयान नहीं किया जा सकता। इसलिए मजबूरन आज उसी बसन्त ऋतु का नाटक आपके सामने करना पड़ रहा है। मैंने उसे महज देखा था, तटस्थ रहकर केवल उसे अनुभूत किया था, मैं सिर्फ एक तीसरा आदमी था—इसलिए मैं उसका पात्र नहीं था—न आज इस नाटक की भूमिका में ही हूँ। जब पात्रता नहीं तो भूमिका कैसी? मैं तो बस आप ही सबकी तरह एक दर्शक मात्र था। तब भी और आज भी। खैर!...
आप सबको पता ही है—इलाहाबाद में एक मशहूर और मारूक पार्क है—अलफ्रेड पार्क। पार्क के बीचोंबीच एक गोलाकार पुष्पोद्यान है, अपने चारों ओर एक रक्षा-परिधि से खिंचा हुआ। उस परिधि में चारों दिशाओं से चार घुमावदार दरवाजे हैं—बाहर

से भीतर जाने के लिए। उस परिधि के भीतर ही इधर-उधर बैठने के लिए बेंचें लगी हुई हैं। फिर सामने मौसमी पुष्पों की हरी-भरी सात त्रिकोनी क्यारियाँ हैं। अलग पुरुषों की—रंग-बिरंगी, जैसे इन्द्रधनुष। जहाँ क्यारियों के शिखर हैं, वहाँ उस पुष्पोद्यान का यह 'बैंड सर्किल' है जिसमें दाईं-बाईं ओर संगमरमर की सिर्फ दो बेंचें हैं।

मार्च का महीना था—शुरू-शुरू के दिन। मौसमी फूल अब तक हँस रहे थे। लगता था, बसन्त ऋतु के हाथ में इन्द्रधनुष खिंचा है। रात के नौ बज रहे थे। पार्क तब तक सूना हो चुका था। अकेला मैं ही उस बाहरी परिधि की भीतर वाली एक बेंच पर गुमसुम बैठा था। धीरे-धीरे फागुन का पछियाँव बह रहा था। मैं विचारशून्य महज वहाँ बैठा ही था। सप्तमी का चाँद मेरे पीछे मौलसिरी वृक्ष के ऊपर चुपचाप खड़ा था। तभी सहसा मैंने देखा, उत्तर दिशा से एक व्यक्ति और दक्षिण दिशा से दो लोग पार्क में से होते हुए उसी पुष्पोद्यान के भीतर आते हैं। और *(सहसा)* अरे! क्षमा कीजिएगा, यह लीजिए, वे लोग तो जैसे खुद ही मंच पर आ रहे हैं। तो मैं फिर चुपचाप अपनी उसी बेंच पर बैठने जा रहा हूँ। देखिए, आप लोग बहुत ध्यान से सुनिएगा, हाँ! ये लोग एक बड़ी मजेदार बात करने आए हैं।

[उस आदमी का प्रस्थान! बाईं ओर! मंच पर प्रकाश फैल जाता है। दृश्य उभर आता है। मंच के बीचोंबीच ऊँचाई पर उसी बैंड-सर्किल का दृश्य है। दाईं-बाईं ओर वही दोनों छोटे गेट। दाईं ओर से वही दो बुजुर्गवार प्रवेश करते हैं। दोनों की अवस्था यही पचास वर्ष है। युवक के पिता का सिर खुला है—धोती, कुर्ता पहने हैं—ऊपर जवाहर बंडी। युवती के पिता पैंट और बन्द गले के कोट में हैं, अर्थात् सूट में हैं। सिर पर सूट से मैच खाती टोपी है। बाईं ओर से युवक का प्रवेश। पैंट और बुश्शर्ट पहने हुए। अवस्था यही छब्बीस-सत्ताईस वर्ष। बुजुर्गवार दाईं ओर की बेंच पर हैं—युवक बाईं ओर की बेंच पर]

युवती के पिता : तो बात शुरू की जाए! क्यों शुकुल जी, ठीक है न!

युवक के पिता : बिलकुल! इसीलिए तो हम लोग यहाँ आए हैं; हैं जी! तो जज साहब, बात कहाँ से शुरू की जाए! लीजिए! अब आप ही शुरू कीजिए; हैं जी!

युवती के पिता : अजी साहब, मैं क्या बात शुरू करूँ? आप ही शुरू कीजिए।

युवक के पिता : अजी साहब, आप शुरू कीजिए।

युवती के पिता : कैसी बात करते हैं जो भाई साहब! और मैं क्या बात कर सकता हूँ। शुरू कीजिए।

युवक के पिता : नहीं आप।

युवती के पिता : नहीं, आप।

युवक के पिता : नहीं-नहीं, आप।

युवती के पिता : नहीं-नहीं, आप।

युवक के पिता : खैर, तो जज साहब, यह बात भी क्या चीज़ होती है अपने आप में! अहा-हा! हैं जी! ठीक कर रहा हूँ न!

[युवती के पिता चुप हैं।]

युवक के पिता : अब यही बात देखिए न, क्या बात पैदा हो गई है यहाँ! यह पार्क! यह फुलवारी! यह गजब की 'प्रायवेसी'! हैं जी! देखिए जज साहब, ये अंग्रेज भी खूब थे। शहरों में पार्क की यह कल्पना उन्हीं अंग्रेजों की ही है ताकि हम परदों में रहने वाले इंडियन्स यहाँ आकर अपने मसले हल किया करें! हैं जी! अब देखिए न जज साहब, यह संगमरमर की बेंच भी क्या चीज है? अहा-हा क्या बात है! यही वह संगमरमर है जिस पर शाहजहाँ और मुमताज ने बैठकर कभी मुहब्बत की थी। यही वह संगमरमर है, हैं जी, यही वह संगमरमर है जिस पर कुइन विक्टोरिया ने बैठकर इंग्लैंड से हमारे हिंदुस्तान पर हुकूमत की थी, हैं जी! और यह वही संगमरमर है जहाँ हम बात कर रहे हैं। ठीक है न! अब आप बात शुरू कीजिए।

युवती के पिता : जी हाँ...जी हाँ! देखिए, आपको यहाँ आने में तकलीफ तो जरूर हुई होगी, लेकिन मैंने सोचा, यह जगह हर खयाल से बड़ी उम्दा रहेगी। हम धर्मेन्द्र बेटे से खुलकर साफ-साफ बातें कर सकेंगे, और यह भी हमें खुलकर जवाब दे सकेगा।

युवक के पिता : जी हाँ, बिलकुल ठीक! अब देखिए न, बात शुरू हो गई है न!

युवती के पिता : हाँ, तो बात शुरू कीजिए।

युवक के पिता : लीजिए, आप फिर रुक गए! बात शुरू रखिए न, बस बोलते रहिए। हैं जी! बस बात होती ही रहनी चाहिए। अब यही कि हम लोग यहाँ एक विवाह की बात करने आए हैं। ओहो, विवाह की बात भी क्या चीज होती है! अब शुरू कीजिए न, हैं जी!

युवक : *(सहसा उठकर)* पिताजी, अब मुझे यहाँ से जाने की आज्ञा

दीजिए।

युवक के पिता : यह सँभालो, हैं जी! अब असली बात पैदा हुई। जज साहब, मेरे बेटे का समय बड़ा ही कीमती है।

युवती के पिता : अरे बैठो बेटा, बैठो-बैठो!

युवक के पिता : अच्छा-अच्छा, बैठ भी जाओ। हाँ जी, बात शुरू कीजिए।

युवती के पिता : समझ में नहीं आता, कैसे कहाँ से बात शुरू करूँ!

युवक के पिता : लीजिए मैं शुरू कर रहा हूँ—हाँ बेटा धर्मेन्द्र! बात तुम्हारी शादी की है—मेरे दोस्त जज साहब की इकलौती बेटी बासन्ती के साथ। हैं जी! अब आगे बढ़िए।

युवती के पिता : बेटा, मेरी बासन्ती को तुम पिछले कई सालों से जानते हो। वह तुम्हें चाहती है, तुम उसे चाहते हो, और अब हम लोग भी चाहते हैं कि तुम दोनों की शादी हो जाए।

धर्मेन्द्र : जी।

युवती के पिता : जो तुम्हें शादी मंजूर है न!

[धर्मेन्द्र चुप है]

युवक के पिता : अरे तुम बोलते क्यों नहीं बेटा? हैं जी...!

धर्मेन्द्र : क्या बोलूँ?

युवक के पिता : अब सँभालो। हैं जी! अब इन्हें भी बताना पड़ेगा कि यह हजरत क्या बोलें! अरे बोलो, बासन्ती से अब तुम अपनी शादी करोगे न?

[धर्मेन्द्र चुप है]

युवती के पिता : शुकुल जी आप तो जानते ही हैं—यह अब बासन्ती और धर्मेन्द्र की शादी का ही केवल सवाल नहीं है, यह तो अब मेरी इज्जत का सवाल बन गया है, क्योंकि पिछले कई वर्षों से मेरे सारे सगे-सम्बन्धी, नाते-रिश्तेदार—सभी को पता हो गया है बासन्ती और धर्मेन्द्र की शादी होने जा रही है।

युवक : यह झूठ है। बल्कि सबको यह पता है कि बासन्ती के पिता जज साहब—जिनका शुभ नाम श्री राजकुमार वाजपेयी है—वह अपनी बेटी की शादी धर्मेन्द्र से नहीं करेंगे।

युवती के पिता : आरे रे रे! क्यों नहीं? क्यों नहीं? मैं तुमसे अपनी बेटी की शादी क्यों नहीं करूँगा? आखिर क्यों?

युवक : इसलिए कि हमारे समाज में यह ब्याह-शादी मनुष्य से, मनुष्य के रिश्ते से नहीं होती, हमारे यहाँ शादियाँ होती हैं नौकरी के रिश्ते से, पद और भौतिक खयालों से। ब्याह हमारे यहाँ महज

एक कर्मकांड है—एक परंपरा का पालन। यह जीवन-अनुभूति, जीवन-संगीत नहीं है।

युवती के पिता : भाई, समाज की तो बात मैं नहीं जानता, मैं सिर्फ अपनी बेटी को जानता हूँ। मुझे जब यह पता चला कि वह तुम्हें चाहती है, और तुम उसे चाहते हो, तो बस मैं भी यही चाहता हूँ, तुम दोनों का मंगल-ब्याह जरूर हो।

युवक के पिता : हैं जी! ठीक किया आपने।

युवक : ठीक ही किया आपने। पर बहुत विलम्ब से। *(युवक भावनाओं में खड़ा हो जाता है)* काश आपने यही निर्णय उस समय कर लिया होता जबकि मैंने स्वयं बासन्ती से ब्याह के लिए आपको अपना विनम्र निवेदन किया था! पर तब मैं सिर्फ एक साधारण व्यक्ति था—एक मनुष्य मात्र—तभी आपकी निगाह में मेरी जरा भी इज्जत नहीं थी। मैं अपदार्थ था तब। और आज जब मैं संयोग से डिप्टी-कलक्टर हो गया तो सहसा एकदम से मूल्यवान हो गया। गोया मैं आदमी नहीं, शेयर-मार्केट का भाव हूँ।

युवक के पिता : हैं जी! अब जवाब दीजिए वाजपेयी साहब। बेटा, बैठ जाओ, तुम भावनाओं में आ गए हो न, हैं जी! तुम इस तरह थक जाओगे बेटा! हैं जी...!

युवती के पिता : सुनिए-सुनिए शुकुलजी, यह बात सच है कि तुम्हारी शादी के लिए जान-बूझकर मैंने मना कर दिया था, क्योंकि तब तुम मेरी नजर में नाबालिग थे।

युवक के पिता : हैं जी, नाबालिग क्या कहा आपने? नाबालिग!

युवक : लेकिन उसी वर्ष जिस लड़के को आपने अपनी बेटी की शादी के लिए अपने घर की लड़की दिखाने के लिए बुलाया था—उसकी उमर मुझसे एक साल कम थी।

युवक के पिता : पर बेटा, वह देखने में तुमसे बड़ा लगता रहा होगा, हैं जी! जज साहब मैं सच कहता हूँ, कुछ लोग ऐसे होते हैं कि वे बुड्ढे हो जाते हैं पर लगते हैं नाबालिग, और कुछ लोग नाबालिग रहते हैं पर लगते हैं बुड्ढे! हैं जी!

युवनी के पिता : अजी शुकुलजी, आप तो मजाक करते हैं। मैं जो कुछ कह रहा हूँ, सही कह रहा हूँ।

युवक : जी नहीं, आप सही नहीं कह रहे हैं। आज आप सिर्फ वकालत कर रहे हैं, जिसमें भावना नहीं केवल एक निर्मम स्वार्थ है।

युवव के पिता : अरे मेरी बात तो सुनो बेटा!

युवक : आपने तब मेरी पवित्र भावनाओं को अस्वीकार कर दिया, क्योंकि आप मुझे बिलकुल नहीं चाहते थे। आप मुझे एक गैर-जिम्मेदार आवारा लड़का समझते थे। जब मैं एम.ए. में सेकंड डिवीजन पास हुआ तो आपने मेरे लिए कहा था—यह सिर्फ क्लर्क बनेगा।

युवक के पिता : हैं जी, साहब, सुन रहे हैं न!

युवक : और जब मैं रेलवे में इंस्पेक्टर हुआ, तब आपने मेरे लिए कहा था—रेलवे के एक मामूली इंस्पेक्टर से डिस्ट्रिक्ट जज की लड़की की शादी नहीं हो सकती।

युवती के पिता : सुनो तो भाई! ओहो, ओ सुनो तो!

युवक : ठीक है, आप मुझसे अपनी बेटी की शादी न करते। लेकिन जब मैं छुट्टी पाकर कुछ समय के लिए आपके घर आता था और आपके परिवार में बैठकर जब मैं बासन्ती से बातें करना चाहता था, तब आपको उतना भी क्यों असह्य होता था? क्यों आप अपने कमरे में बेचारी बासन्ती की माँ को फटकारते हुए मुझे सुनाते थे कि यह धर्मेन्द्र क्यों यहाँ बैठकर सहगल के गाने गाता है? मुझे यह कतई पसन्द नहीं...।

युवती के पिता : सुनो-सुनो-सुनो! मेरी बात भी तो सुनो!

युवक के पिता : जरूर-जरूर हैं जी! सुनो धर्मेन्द्र!

युवती के पिता : देखो, मेरे और तुम्हारे घर का पुराना संबंध है। तुम्हारे पिता मेरे दोस्त और सहपाठी रहे हैं। तुम्हारे पिता जमींदार थे। मैं मुन्सिफ से धीरे-धीरे आज डिस्ट्रिक्ट जज हुआ। तुम्हें हमेशा मैंने अपने लड़के की तरह माना। तो क्या मुझे तुम्हें डाँटने का और सही रास्ते पर देखने का तब हक नहीं था? मैं गोया एक बात कह रहा हूँ।

युवक के पिता : हैं जी, क्यों नहीं?

युवती के पिता : मुझे कभी भी लड़के-लड़कियों को इस तरह हा-हा, ठी-ठी करते देखने की आद्दत नहीं है। मैं डिसिप्लिन का सख्त कायल रहा हूँ।

युवक : झूठ है यह! सरासर झूठ!

युवती के पिता : ओहो धर्मेन्द्र! तुम कैसी बात कर रहे हो?

युवक के पिता : देखो बेटा, जज साहब की मजबूरियाँ भी तो समझो तुम, हैं जी, जरा बेटा, ठीक से बातें करो तुम।

युवक : बताइए न, मैं इनसे किस तरह से बातें करूँ? इनकी बेटी

बासन्ती की तरह मैं अपने संग छल करूँ क्या?

युवती के पिता : छल! कैसा छल! शुकुलजी, यह धर्मेन्द्र क्या कह रहा है आज?

युवक के पिता : हैं जी! कमाल है, मैं भी कुछ नहीं समझ पा रहा हूँ।

युवक : आप लोग सब कुछ समझते हैं। पर मुश्किल यह है कि आप उसे स्वीकार नहीं करना चाहते। आप सबको पता है—बासन्ती के संपर्क में मैं पिछले दस वर्षों से हूँ। मैं उसके समीप तब से हूँ जब मैं अपने पिताजी के संग बासन्ती की बड़ी बहिन साधना की शादी में जज साहब के घर गया था। कानपुर में तभी मैंने बासन्ती को पहली बार देखा था। तब बासन्ती हाईस्कूल में पढ़ रही थी। हम दोनों अनायास एक संग खाते-पीते और बहिन की शादी के कार्यों में हाथ बँटाते थे। बासन्ती ने मुझसे तब कहा था—यह धर्मेन्द्र नाम मुझसे नहीं लिया जाता। यह तो बड़ा 'सीरियस' नाम है। फिर उसने मेरा नाम रखा धम-धम पावस ऋतु! *(हँस पड़ता है)* धम-धम पावस ऋतु! फिर मैंने भी उसका नाम रखा—बस-बस बसन्त ऋतु!

युवती के पिता : ओहो! वाह बेटा! शाबाश...।

युवक : तभी पहली बार उसके सामने बैठकर मैंने सहगल का वह पहला गीत गाया था—सुनो-सुनो, हे कृष्ण काला...फिर उसके दो वर्ष बाद मैंने बासन्ती को पहला पत्र लिखा था जो दुर्भाग्य से आपके हाथ में पड़ गया था, और जिसे आपने बड़ी नफरत से फाड़कर कूड़े में डाल दिया था।

युवती के पिता : ओहो, तुम्हें कैसे मालूम हुआ?

युवक के पिता : हैं जी! जरा गौर कीजिए, हुई न एक बात! हैं जी! आगे बोलो बेटा!

युवक : यह बासन्ती ने मुझे बताया था। और तब से मैं उसे कभी एक पत्र भी न भेज सका। पत्र लिखता था उसके लिए, पर उसे अपने पास ही रख लेता था।

युवती के पिता : शुकुलजी, दरअसल बात यह है कि मुझे इस तरह की चिट्ठी-पत्रियों से सख्त नफरत है। यह क्या मजाक है, पंडितजी!

युवक के पिता : हैं जी! यह तो अपने-अपने दिलो-दिमाग की बात है। बुरा मत मानिएगा, हैं जी? मैं कोई बुरी बात नहीं कह रहा हूँ। हाँ...बेटा, 'कैरी ऑन'!

युवक : इसके बाद बासन्ती एफ.ए. पास हुई और उधर मैं एम.ए. पास हुआ। बासन्ती की शादी के लिए तब तक लड़के देखे जाने लगे।

उसी वक्त मैंने आपको बासन्ती से अपनी शादी के लिए प्रस्ताव दिया और आपने उसे बेरहमी से ठुकरा दिया।

युवती के पिता : भाई, मैंने वह सिर्फ 'डिसिप्लिन के प्वाइंट ऑव व्यू' से किया था।

युवक के पिता : हैं जी! बिलकुल ठीक किया था आपने! लौंडों की यह मजाल! आखिर हम लोग इतने ऊँचे कान्यकुब्ज ब्राह्मण हैं कि कोई मजाक है।

युवक : बासन्ती बी.ए. में पढ़ने लगी। उसे देखने के लिए बनारस से एक लड़का आया—एम.बी.बी.एस. पास एक वर। उसने बासन्ती को देखा और वह बासन्ती को अस्वीकार करके चला गया। बासन्ती रोई, बहुत रोई, पर आपने उसे डाँट-फटकार कर चुप कर दिया।

युवती के पिता : जी हाँ, उसमें रोने की क्या बात थी। ऐसा तो होता ही है आजकल।

युवक के पिता : जी हाँ, देखिए यही जो हो रहा है! हैं जी!

युवक : तब मैं रेलवे में 'वेलफेयर इंस्पेक्टर' हो गया था, कानपुर में रहता था और आप फतेहगढ़ में डिस्ट्रिक्ट जज थे। मैं हर इतवार को आपके यहाँ जाता था, पर मुझे बासन्ती से नहीं मिलने दिया जाता था। मैं सबके सामने उससे बात करता था, पर वह निरुत्तर मेरे सामने से हट जाती थी। मेरे खिलाफ जैसे आपकी कोई सख्त आज्ञा उस घर में चारों ओर खिंची रहती थी। मैं मन-ही-मन अनुभव करता था, पर मैं अपने से लाचार था। उन्हीं दिनों एक दूसरा लड़का नैनीताल से बासन्ती को देखने आया था। मेरे सामने ही वह बासन्ती को अपने संग लिए हुए इधर-उधर सुबह से शाम तक घूमता रहा। आप भी उस समय बँगले पर मौजूद थे, पर उस दिन आपकी सारी कट्टरता न जाने कहाँ गायब थी! उस लड़के ने शादी में आपसे एक नई कार और दस हजार रुपयों की माँग की थी—और इस तरह से वह शादी भी नहीं तय हो पाई।

युवती के पिता : बात यह है शुकुलजी, वह लड़का मुझे पसन्द नहीं आया।

युवक : जी नहीं, उस लड़के को आपकी लड़की ही नहीं पसन्द आई, इसलिए वह सौदा महँगा ही था।

युवक के पिता : देखिए वाजपेयी जी, हैं जी! मेरा लड़का कभी झूठ नहीं बोलता। वाह रे मेरा बेटा! वाह, हैं जी!

युवक : बासन्ती फिर रोई थी। वह भीतर से अपने को बन्द करके रोई

थी। और बाहर आँगन से मैंने फिर बासन्ती से अपनी शादी के लिए आपसे निवेदन किया था और आपने उसे भी ठुकराया था।

युवती के पिता : शुकुलजी आपसे धर्म की कसम खाकर कहता हूँ--दरअसल उस समय मैं अपने आप में नहीं था। मेरा सारा दिमाग खराब कर दिया था नैनीताल के उस लौंडे ने।

युवक : आप जज थे--जिले-भर के न्यायाधीश। आपका इस तरह दिमाग खराब हो जाना आपके लिए ठीक ही था। सच, न्याय ऐसे में ही हुआ करता था।

[युवक के पिता ठठाकर हँसने लगते हैं। युवक अपनी जगह पर बैठ जाता है।]

युवक के पिता : *(उठकर)* भाई माफ करना जज साहब मुझे। बेहद हँसी आ गई; हैं जी! कैसे कहता है मेरा पूत! वाह! वह भी किस अन्दाज से! 'न्याय ऐसे में ही हुआ करता है!' वाह! *(हँसते हैं)* ओहो, आनन्द आ गया। बुरा मत मानिएगा वाजपेयी जी, यह लीजिए, पान खाइए! हैं जी!

युवती के पिता : खाइए आप!

युवक के पिता : अरे लीजिए तो! बिना पान कैसे चलेगा, हैं जी! अरे लीजिए तो *(देते हैं)*, लो बेटा तुम भी खा लो, तुम्हारा गला तो बेहद सूख गया होगा, हैं जी! वैसे वाजपेयी जी, मेरा यह मुन्ना कभी पान नहीं खाता, इतना अच्छा बेटा! आ हा हा! न जाने कैसे तब इसके विषय में आपकी 'ओपीनियन' खराब हो गई थी कि एक ऐसा-वैसा लड़का है! अरे खूबसूरत है, खुशमिजाज है मेरा बेटा, गाना-वाना भी गा लेता है--तो जाहिर है, लड़कियाँ शुरू से ही इसके आसपास घूमेंगी ही। इसमें मेरे बेटे का क्या दोष! जरा सोचने की बात है, हैं जी!

युवती के पिता : शुकुलजी, क्या बताऊँ, बस उस समय गलती हो ही गई!

युवक के पिता : दरअसल मेरे बेटे का चेहरा ऐसा ही है, हैं जी! होता है कभी-कभी ऐसा, हैं जी!

युवती के पिता : शुकुलजी, एक गलती और भी हुई। बैठिए तो, बताऊँ--जोर से कहने लायक बात नहीं है।

[युवक के पिता बैठते हैं]

युवती के पिता : मेरी बेटी ने भी दरअसल मुझे कभी इस बात का संकेत नहीं दिया कि वह धर्मेन्द्र को इतना चाहती है।

युवक के पिता : अजी कुछ लड़कियाँ बड़ी चुप्पी होती हैं।

युवती के पिता : बासंन्ती की माँ ने भी मुझे कुछ नहीं बताया।

युवक : किसी ने नहीं बताया, किसी ने कुछ संकेत नहीं किया, क्योंकि वह आप नहीं चाहते थे, क्योंकि आपको प्रसन्न रखना आपके घर वालों की पहली जिम्मेदारी थी।

युवती के पिता : धर्मेन्द्र, मेरी बात तो सुनो।

युवक : किसी में इतना व्यक्तित्व हो तो कि आपसे कोई अपने मन की बात कह सके।

युवक के पिता : *(किंचित् गुस्से में खड़े होकर)* क्या मतलब तुम्हारा? यह व्यक्तित्व किसे कहते हैं?

युवक : पर्सनाल्टी को।

युवक के पिता : व्हॉट इज पर्सनाल्टी?

युवक : यह एक चिड़िया होती है।

युवक के पिता : चिड़िया होती है।

युवक : जी हाँ, एक चिड़िया।

युवक के पिता : क्या कहा?

युवक : हैं जी, कुछ नहीं!

युवक के पिता : *(सहसा बदलकर)* ओहो! अच्छा जी, अब मेरा लड़का मजाक के मूड में है। वाजपेयी जी, बस यही मौका है असली! बस, झट से असली बात पर आ जाइए।

युवती के पिता : ठीक कहते हैं आप! सुनो बेटा, भूल जाओ मेरी इन गलतियों को! बस, मेरी बेटी बासन्ती से अपनी शादी अब मंजूर कर लो!

युवक के पिता : अरे भाई, जो कुछ देना हो, वह भी तो बता दो इसी समय!

युवती के पिता : दस हजार रुपये!

युवक के पिता : बस! और वह नई कार?

युवती के पिता : ठीक है, आखिर यह मेरी लड़की है–उस नई कार का भी इन्तजाम जरूर ही करना होगा।

युवक के पिता : अब हाँ कर दे बेटा! मेरा मुन्ना...राजा बेटा!

युवक : *(तेजी से खड़ा होकर)* नहीं, यह शादी मैं हर्गिज नहीं कर सकता।

युवक के पिता : क्या?

युवक : अब यह शादी हर्गिज नहीं कर सकता।

युवती के पिता : क्या?

युवक : मुझे यह शादी मंजूर नहीं।

युवती के पिता : आखिर क्यों?

युवक : मैं कोई सौदा नहीं हूँ जो इस तरह मैं कहीं बेचा और खरीदा

जाऊँ।

युवक के पिता : धर्मेन्द्र तुझे क्या होश-हवास नहीं?

युवक : खूब होश है मुझे! जहाँ व्यक्ति का मूल्य नहीं, उसकी भावनाओं की इज्जत नहीं, वहाँ इस शादी का कोई मूल्य नहीं।

युवती के पिता : ऐसा मत कहो बेटा! मैं तुमसे हाथ जोड़ता हूँ।

युवक : आज मैं संयोग से डिप्टी-कलक्टर न हुआ होता तो क्या आप बासन्ती से मेरी शादी करते? नहीं, कभी नहीं! हर्गिज नहीं।

युवती के पिता : शुकुलजी, समझाइए इसे!

युवक के पिता : जज साहब, मैं ऐसे लौंडों से अब बात नहीं करना चाहता। खत्म हुआ सब! इसकी ये हिम्मत जो मेरी बात काट दे! तुझे पता है मैं तेरा बाप हूँ।

युवक : जी पता है!

युवक के पिता : क्या पता है?

युवक : कि लोग कहते हैं कि आप मेरे बाप हैं?

युवक के पिता : *(क्रोध से)* क्या कहा? मैं तेरी जुबान खींच लूँगा। तू मुझसे मजाक करता है। तू मेरे गुस्से को नहीं जानता, अरे, मैं तेरी डिप्टी-कलक्टरी को तेरे सिर में डाल दूँगा।

युवती के पिता : शान्त रहिए शुकुलजी! इस तरह यहाँ गार्डेन में गुस्सा करने से कोई फायदा नहीं।

युवक के पिता : हैं जी!

युवती के पिता : चलिए, चला जाए अब यहाँ से।

युवक के पिता : जी हाँ, अब मैं घर पर पहुँचकर इत्मीनान से अपना यह गुस्सा करूँगा। आजकल के लौंडे अपने आपको समझते क्या हैं? चलिए, चला जाए अब यहाँ से। ओहो, हद हो गई? हैं जी!

(दोनों बुजुर्ग चुपचाप दाईं ओर से निकल जाते हैं। युवक बाईं ओर से जाता है। सहसा उसी ओर पृष्ठभूमि से किसी की हँसी सुनाई देती है।)

युवक : जी, कौन हैं आप?

एक आदमी : एक आदमी।

युवक : आप यहाँ इस तरह क्यों छिपे बैठे थे?

एक आदमी : जी, यह पार्क है। मैं वहाँ बेंच पर बैठा था—क्यों? आपको कोई एतराज है क्या?

युवक : आपको हँसी किस बात पर आई?

एक आदमी : हँसी आती है—इसलिए आई!

युवक : तो आप यहाँ हमारी 'पर्सनल बातें' सुन रहे थे। आप लेखक-वेखक तो नहीं हैं?

एक आदमी : वेखक तो नहीं, हाँ लेखक जरूर हूँ *(एक आदमी बैंड सर्किल में चढ़ जाता है।)*

युवक : *(वहीं नीचे से ही)* आप कवि हैं या कहानीकार?

एक आदमी : जी, मैं नाटक लिखता हूँ।

युवक : ओहो! तो आप नाटककार हैं! आपका शुभ नाम?

एक आदमी : क्यों आप मुझ पर कोई मुकदमा चलाएँगे क्या? भाई, आप मजिस्ट्रेट हैं।

युवक : जी नहीं, पर आपसे मैं यह वचन चाहता हूँ कि आप इस पर कोई नाटक नहीं लिखेंगे। यह मेरा व्यक्तिगत प्रेम-विषय है।

एक आदमी : व्यक्तिगत प्रेम-विषय! तो फिर आप बासन्ती से अपना ब्याह क्यों नहीं कर लेते?

युवक : मैं ब्याह नहीं कर सकता।

एक आदमी : आखिर क्यों?

युवक : मेरा अपमान हुआ है।

एक आदमी : लड़की के बाप ने आपका अपमान किया है—इसमें बेचारी लड़की का क्या दोष?

युवक : वह भावनाहीन है।

एक आदमी : हो सकता है उसका प्रेम मौन हो।

युवक : यह आपको कैसे पता? आप मुझे अच्छे आदमी नहीं लग रहे हैं।

एक आदमी : आप तो अच्छे आदमी हैं न?

युवक : आपसे मतलब?

एक आदमी : मुझे आपसे सिर्फ यही कहना है कि आप उस लड़की से शादी क्यों नहीं कर लेते?

युवक : मैं पूछता हूँ आपसे मतलब? इन्हें ख्वामखाह इतनी चिन्ता हो आई कि मैं उस अच्छी नेक-सीधी-सादी लड़की से अपनी शादी क्यों नहीं कर रहा हूँ।

एक आदमी : जी, आप मुझे इस तरह डाँट क्यों रहे हैं?

युवक : क्योंकि यह मुझे अच्छा लग रहा है।

एक आदमी : आप बड़े अच्छे आदमी हैं।

युवक : आप किसी दूर के रिश्ते से लड़की के भाई तो नहीं हैं?

एक आदमी : क्यों? तब आप उससे शादी कर लेंगे क्या?

युवक : *(आवेश में)* अजी आप कौन होते हैं इस तरह उस लड़की की शादी के लिए वकालत करने वाले? आपको क्या पता है कि पिछले कितने सालों से मैं किस तरह की आग में जल रहा हूँ।

[आदमी वहीं आश्चर्यचकित खड़ा रह जाता है।]

वही आदमी : *(दर्शकों से)* देखिए न, वह नाटक यहीं अकस्मात् खत्म हो गया। नाटक का हीरो ही एकाएक चला गया। बेचारी हीरोइन का तो कुछ पता ही न चला। वह तो दृश्य में ही न आई। क्या करूँ मैं? बस, इतना ही देखा था मैंने वह खेल। पता नहीं, आगे क्या हुआ इसका अन्त? ठीक है—आप लोगों को पता ही चल गया होगा। अच्छा नमस्ते! मेरा यह नाटक खत्म!

[सहसा दर्शकों में से एक व्यक्ति उठ खड़ा होता है।]

व्यक्ति : अजी नाटक वहाँ कैसे खत्म हुआ? अब क्या छिपाऊँ—संयोग से वह असली धर्मेन्द्र तो मैं हूँ यहाँ। *(बगल में बैठी लड़की को उठाता हुआ)* आओ चलो बासन्ती, वहाँ ऊपर चल। *(दाईं ओर से वे दोनों आते हैं।)*

आदमी : *(तब तक)* अरे गजब हो गया तो! भाई, माफ करना धर्मेन्द्र बाबू! मैं वह नाटककार नहीं हूँ जिसने आपको उस पार्क में देखा था। मैं सिर्फ एक आदमी *(भाव बदलकर)* आइए-आइए, चले आइए, शरमाइए नहीं। हाँ, सीढ़ियों से ऊपर चढ़ जाइए। डरिए नहीं। यह अल्फ्रेड पार्क का वह असली बैंड-सर्किल नहीं है। *(दोनों बैंड-सर्किल में खड़े हो जाते हैं)*

धर्मेन्द्र : जी, मैं ही वह धर्मेन्द्र हूँ और यह वह बासन्ती है। आप लोगों के आशीर्वाद से तभी हम लोगों का ब्याह हो गया।

[सहसा दर्शकों में से एक दूसरा व्यक्ति उठ खड़ा होता है।]

दूसरा व्यक्ति : अरे सिर्फ ब्याह क्यों कहता है, बेटा? हैं जी! प्रेम-विवाह कह न? हैं जी!

आदमी : जी, आप कौन हैं?

दूसरा व्यक्ति : हैं जी, घबराइए नहीं। मैं वहीं आकर बताता हूँ। हाय राम! अब तो परदाफाश हो ही गया है।

आदमी : आइए...आइए...तशरीफ ले आइए।

[बाईं ओर से दूसरे व्यक्ति का प्रवेश]

दूसरा व्यक्ति : *(दर्शकों से)* हैं जी! मैं इस असली धर्मेन्द्र का वह असली पिता हूँ—श्री दीनबन्धु शुक्ला। हैं जी! दरअसल बड़ा तेज है यह मेरा बेटा। 'वेरी फास्ट' जिसको अंग्रेजी में कहते हैं। बासन्ती बेटी

के वह पिता *(सहसा दर्शकों से)* हैं जी, आप भी तो कहीं नहीं छिपे, हैं नहीं! शुक्र है वह नहीं हैं यहाँ। हाँ जी, तो मैं यह बता रहा था कि वह जज साहब—श्री यशोदानन्द जी वाजपेयी एक बड़े ही टेढ़े आदमी थे। अव्वल दर्जे के शक्की, क्रोधी और मक्खीचूस! भाइयो और बहिनो! अगर मेरे इस लाडले बेटे ने उनसे 'नहीं-नहीं' कहकर वह नाटक न रचा होता, हैं जी, तो मेरे बेटे और बासन्ती की शादी न हो पाती। और अगर बड़ी मुश्किल से करते भी तो मुझे और मेरे बेटे को ब्याह में एक पैसा भी नहीं मिलता। हैं जी! क्योंकि यह प्रेम ब्याह था न।

बड़ा अच्छा नाटक था यह! हैं जी! *(आदमी से)* हम पर यह नाटक लिखकर आपने काम तो अच्छा नहीं किया है—पर खैर, जाइए माफ किया आपको! हैं जी, जरा अपने ऐक्टरों को तो यहाँ बुलाइए, मैं उनसे मिलना चाहता हूँ।

[दाईं ओर से युवक के सभी अभिनेताओं का प्रवेश—आगे-आगे वही युवक के पिताजी की भूमिका करनेवाला है।]

पिताजी : हैं जी, आप ही हैं वह!

युवक के पिता : हैं जी, आप ही हैं वह!

पिताजी : वही एक ही सवाल, हैं जी?

युवक के पिता : वही एक ही सवाल, हैं जी!

पिताजी : खैर! मुझे आप सबसे मिलकर बड़ी खुशी हुई—हैं जी!

[ऊपर बैंड-सर्किल में जाकर]

पिताजी : भाइयो और बहनो! अपने बेटे की इस शादी की खुशी में मैं आप सबको एक डिनर देना चाहता हूँ—हैं जी, आप लोग अपने-अपने घर जाकर खुशी से वह मेरा डिनर खाइए। हैं जी।

[परदा]

❑

विष्णु प्रभाकर

रेडियो एवं रंगमंचीय एकांकी के क्षेत्र में श्री विष्णु प्रभाकर जी ने अपना एक निश्चित स्थान बना लिया है। उनकी प्रतिभा सिर्फ एकांकीकार के रूप में ही नहीं बल्कि अन्य रूपों में भी सफल हुई है।

विष्णु प्रभाकर का जन्म उत्तर प्रदेश स्थित जिला मुजफ़्फ़रनगर के मीरापुर गाँव में 21 जून सन् 1912 को हुआ। उनकी आरम्भिक शिक्षा हिसार में मामा के पास रहते हुए हुई। वहीं के सी.ए.बी. हाई स्कूल से सन् 1929 में उन्होंने मैट्रिक की परीक्षा पास की। उसके बाद नौकरी करते हुए पंजाब विश्वविद्यालय से बी.ए., हिन्दी प्रभाकर एवं प्राज्ञ आदि परीक्षाएँ पास कीं। विश्वविद्यालयी शिक्षा यहीं समाप्त हो गई। अब उन्हें नौकरी ढूँढ़ने की आवश्यकता पड़ी।

सर्वप्रथम वे हिसार के 'गवर्नमेंट कैटल फार्म' में दफ्तरी लगे, बाद में यहीं क्लर्क हो गए। मई सन् 1929 से अप्रैल सन् 1944 तक वे इसी फ़ार्म में रहे। इसी बीच वे सामाजिक, सांस्कृतिक एवं राष्ट्रीय आन्दोलन में रुचि लेने लगे थे। सन् 1942 तक उन्होंने आर्य समाज में सक्रिय रूप में कार्य भी किया। राष्ट्रीय आन्दोलन में परोक्ष रूप से भाग लेने के कारण उन दिनों उन पर पुलिस की निगरानी रहा करती थी। 6 जून सन् 1940 को वे पुलिस की तलाशी के शिकार भी बने थे। अप्रैल सन् 1944 में उन्होंने सरकारी नौकरी से इस्तीफा दे दिया। अब वे दिल्ली आ गए। यहाँ वे आयुर्वेद महामंडल दिल्ली में अकाउंटेंट के पद पर कार्य करने लगे। यह कार्य 31 मार्च सन् 1946 तक रहा। इसके उपरान्त आकाशवाणी के दिल्ली केन्द्र में नाटक-निर्देशक के रूप में नियुक्त हुए। यह कार्य लगभग दो वर्ष तक चला। किसी कारणवश उन्होंने यहाँ से भी त्याग पत्र दे दिया। तब से वे स्वतन्त्र-लेखन में जुटे हुए हैं।

लेखन में उनकी रुचि बचपन से ही थी। उनकी पहली रचना 'दीवाली के दिन' सन् 1931 में हिन्दी मिलाप में प्रकाशित हुई। नियमित लेखन सन् 1934 से शुरू हुआ। साहित्य के क्षेत्र में आने का कारण उनके ही शब्दों में इस प्रकार है—"साहित्य के क्षेत्र में मेरे आने का कारण मेरा परिवेश रहा है। प्रारम्भिक अवस्था में मुझे वह जीवन जीना पड़ा, जो मैं जीना नहीं चाहता था। इसी की प्रतिक्रिया-स्वरूप अन्तर्द्वन्द्व का जन्म हुआ और अपनी उस व्यथा को व्यक्त करने के लिए मैंने लेखनी का सहारा लिया।" पढ़ने का शौक उन्हें बचपन से ही था तथा लेखक बनने की चाह भी मन में

पैदा हो गई थी। पढ़ने के शौक के चलते ही उन्होंने प्रेमचन्द, प्रसाद, बंकिम, रवींद्र, शरतचन्द्र, टॉमस हार्डी, डिकन्स, इब्सन, टॉलस्टॉय, तुर्गनेव, चेखव, दास्तायवस्की, गोर्की आदि कितने ही देशी-विदेशी रचनाकारों की कृतियाँ पढ़ीं।

रचनाएं–अब तक प्रभाकर जी की 50 से अधिक पुस्तकें प्रकाशित हो चुकी हैं, जिनमें उपन्यास, कहानी-संग्रह, नाटक, एकांकी, यात्रा-संस्मरण, जीवनी, बाल-साहित्य तथा विविध विषय की कुछ अन्य पुस्तकें भी सम्मिलित हैं। उनके कुछ प्रकाशित ग्रन्थ निम्नलिखित हैं–

उपन्यास–'निशिकान्त' (1955), 'तट के बन्धन' (1955), 'स्वप्नमयी' (1969), 'कोई तो' (1980)।

कहानी-संग्रह–'संघर्ष के बाद' (1953), 'धरती अब भी घूम रही है' (1959), 'खंडित पूजा' (1962), 'मेरी तैंतीस कहानियाँ' (1967), 'पुल टूटने से पहले' (1977), 'मेरा वतन' (1980)।

नाटक–'नवप्रभात', 'चन्द्रहार' (1952), 'होरी' (1955), 'डाक्टर' (1958), 'युगे-युगे क्रान्ति' (1970), 'टूटते परिवेश' (1974), 'बन्दिनी' (1978)।

एकांकी संग्रह–'बारह एकांकी' (1958), 'दस बजे रात' (1959), 'ये रेखाएँ ये दायरे' (1963), 'ऊँचा पर्वत गहरा सागर' (1966), 'प्रकाश और परछाईं', 'मेरे प्रिय एकांकी' (1970), 'मेरे श्रेष्ठ रंग एकांकी' (1979)।

यात्रा विवरण, संस्मरण, जीवन-चरित्र आदि–'जाने-अनजाने' (1960), 'कुछ शब्द कुछ रेखाएँ' (1965), 'हँसते निर्झर दहकती भट्ठी' (1966), 'आवारा मसीहा' (1974), 'अमर शहीद भगतसिंह' (1976)।

इन रचनाओं के अतिरिक्त उन्होंने कई नाटकों का अनुवाद भी किया है और बालकोपयोगी अनेक रचनाएँ प्रकाशित की हैं। समाज विकास माला के अन्तर्गत गांधी, रवीन्द्र, शंकराचार्य प्रभृति महापुरुषों पर परिचयात्मक पुस्तकें भी लिखी हैं। उनके द्वारा सम्पादित पुस्तकों की संख्या भी दर्जन से ऊपर है। उनकी अनेक प्रकाशित रचनाएँ पुरस्कृत हुई हैं। उनकी चर्चा 'आवारा मसीहा' के प्रकाशन के उपरान्त विशेष रूप से हुई। यह पुस्तक हिन्दी जीवनी-साहित्य की एक अभूतपूर्व सृष्टि है। 15 वर्ष की साधना एवं खोज के परिणामस्वरूप यह रचना प्रस्तुत हो पाई है। इसे साहित्यकला परिषद, दिल्ली द्वारा पुरस्कृत किया गया है।

विष्णु प्रभाकर मुख्यतः मानवतावादी विचारधारा के व्यक्ति हैं। उनकी सभी रचनाओं में मानवीय करुणा और मानवीय मूल्यों की स्थापना पर बल दिया गया है। उन पर गांधीवाद का भी स्पष्ट प्रभाव है। समय-समय पर वे क्रमशः आर्यसमाजी, गांधीवादी और समाजवादी विचारधाराओं से प्रभावित रहे। उन्होंने इन विचारधाराओं के प्रचार-प्रसार के लिए सक्रियतापूर्वक कार्य किया। पर वे मानसिक रूप से अपनी स्वाधीनता बनाए रहे और इनमें से प्रत्येक आन्दोलन और विचारधारा को परखते और

तौलते रहे। आज भी समाजवाद को मानव-जीवन के लिए वरदान मानते हुए भी वे हिंसा की पक्षधरता से परहेज करते हैं। उनके एकांकियों में परिवार एवं देश की प्रायः प्रत्येक विडम्बनापूर्ण स्थिति को विषय बनाया गया है। टूटता हुआ संयुक्त परिवार, टूटते हुए पारिवारिक सम्बन्ध, कर्तव्यहीनता से उत्पन्न विडम्बनाएँ, सामाजिक भ्रष्टाचार, आचरणगत कमियाँ आदि अनेक तथ्यों को उनकी रचनाओं में देखा जा सकता है। ध्यान देने की बात यह है कि लेखक की दृष्टि सिर्फ समस्याओं एवं यथार्थ के अंकन पर ही नहीं रहती बल्कि समाधान का संकेत भी उनकी रचनाओं में निहित होता है। उनकी रचना मुख्यतः सोद्देश्य होती है, जो बात को सीधे-सच्चे ढंग से पाठकों तक पहुँचाने की चेष्टा करती है।

उनकी प्रतीकात्मकता सरल है। भाषा-शैली में सहजता है। किसी भी प्रकार के उलझाव से वे बचते हैं। थोड़े से पात्रों एवं गिनी-चुनी स्थितियों के माध्यम से छोटे-छोटे संवादों में वे प्रतिपाद्य को आसानी से स्पष्ट कर देते हैं। कहीं-कहीं भावुकतापूर्ण समाधान खटकता है किन्तु ऐसा प्रायः इसलिए है कि वे समाधान की कल्पना से अपने को अलग नहीं कर पाते।

प्रस्तुत एकांकी 'संस्कार और भावना' सामाजिक एकांकी है, जिसमें इस तथ्य को स्पष्ट किया गया है कि जिन बातों का एक समय हम प्राण देकर भी विरोध करने को तैयार होते हैं, किसी और समय उन्हीं को चुपचाप स्वीकार कर लेते हैं। कारण भले ही कुछ भी हों। संस्कारों के प्रभावस्वरूप किए गए दृढ़ निश्चय भी किस प्रकार भावनाओं की आँधी में डगमगाते ही नहीं, धराशायी हो जाते हैं, चिन्दी-चिन्दी हो इस प्रकार बिखर जाते हैं कि न उनके धराशायी होने का रंज होता है, न बिखरने का गम। हैरत होती है तो इस बात पर कि ऐसा निश्चय भला क्योंकर किया गया था। किन्तु समय-समय की बात है—एक समय में उसी निश्चय को प्राणपण से सँजोकर रखना, आन से भी अधिक मूल्यवान जानकर उसकी रक्षा करना ही जीवन का ध्येय रह चुका होता है। प्रस्तुत एकांकी में माँ अपने बेटे अविनाश और उसकी बंगालिन बहू को समय आने पर स्वयं घर ले आती है क्योंकि वह माँ है। अपनी सन्तान का दुख नहीं सह सकती। भले ही इससे पूर्व संस्कारों की दासता से जकड़े होने के कारण उसे विजातीय कन्या से विवाह करने वाला पुत्र और पुत्रवधू दोनों स्वीकार्य नहीं थे। किन्तु सन्तान के कष्टों से घिर जाने पर माँ का वात्सल्य ज़ोर मारता है, उसे स्वयं ही यह आभास होता है कि "संस्कारों की दासता सबसे बड़ा शत्रु है।" और ऐसा प्रतीत होता है कि उसका पुत्र ठीक कहता है कि "सन्तान का पालन माँ-बाप का नैतिक कर्तव्य है, वे किसी पर कोई एहसान नहीं करते, केवल राष्ट्र का ऋण चुकाते हैं, वे ऋणमुक्त हों, यही उनका परितोष है, इससे अधिक मोह है, इसीलिए पाप है।" संस्कार और भावना के द्वन्द्व में भावना के विजयी होने और संस्कारों के ढहने को आज के भौतिकवादी युग में शुष्क होते जा रहे सम्बन्धों की आर्द्रता को सँजो पाने के एक

समाधान के रूप में भी देखा जा सकता है। पात्रों द्वारा अभिव्यक्त लेखक के अभिमत को सही मानकर आचरण किया जाए तो टूटते-बिखरते संयुक्त परिवारों की दशा सुधर सकती है और प्राचीन संयुक्त परिवार प्रथा गौरवास्पद बन सकती है। नई पीढ़ी की नई सोच आज प्रत्येक पुरातन संस्कार को ढोने की पक्षधर नहीं है और बदलते युग में उसकी आवश्यकता भी उतनी नहीं रही। जबकि ममत्व, वात्सल्य, प्रेम आदि हृदय के शाश्वत भाव हैं, आवश्यकता पड़ने पर जिनकी सुरक्षा के लिए कतिपय संस्कारों की तिलांजलि कुछ बहुत बड़ा मूल्य भी नहीं—ऐसा लेखक का दृष्टिकोण जान पड़ता है।

संस्कार और भावना

विष्णु प्रभाकर

पात्र

माँ : *संक्रान्ति काल की एक हिन्दू नारी*
अतुल : *माँ का छोटा पुत्र*
उमा : *पुत्रवधू, अतुल की पत्नी*
नौकर और मिसरानी

[स्टेज पर एक मध्यवर्गीय परिवार के घर के आँगन का दृश्य। पूर्व की ओर दो कमरे हैं, जिनके द्वार बन्द हैं। पश्चिम भाग का द्वार बाहर जाता है। वह भी बन्द है, उत्तर भाग में रसोई के आगे बरामदा है। दक्षिण में बड़ा बरामदा है, जिसका एक द्वार बैठक में जाता है, दूसरा बाहर। जो कुछ दिखाई देता है, वह स्वच्छ, सुन्दर और उच्च स्थिति का प्रतीक है। बैठक में एक सोफे का एक अंश दृश्य में आता है। रसोई के पास स्वच्छता है और अलमारी में उचित सामान व्यवस्थित रूप से रखा हुआ है। आँगन में एक ओर पलंग पड़ा है। दूसरी ओर दो कुर्सियाँ तथा एक छोटा टेबल, टेबल पर नाश्ते के खाली बरतन हैं। पलंग पर उमा लेटी है। वह युवती और रूपवती है। पर्दा उठते समय वह कोहनी पर भार टिकाए शून्य में ताकती दिखाई देती है। साड़ी अस्त-व्यस्त है। कुंडलाकार कर्णफूल केशों में होकर कपोलों पर आ गया है। आगे एक खुली पुस्तक है। वह पढ़ते-पढ़ते सोचने लगती है। सहसा धीरे से फुसफुसाती है।]

उमा : *(अपने से बातें करती-सी)* जिन बातों का हम प्राण देकर भी विरोध करने को तैयार रहते हैं, एक समय आता है, वे ही बातें हम चुपचाप स्वीकार कर लेते हैं।

[फुसफुसाकर वह फिर पुस्तक देखती है, फिर शून्य में दृष्टि गड़ा देती है। उसकी आँखें गम्भीर हैं, उसके मुख पर आनेवाली सन्ध्या

की रक्तिम आभा सौन्दर्य बिखेर रही है। वह इतनी खोई हुई है कि नौकर रसोई के बरामदे से आकर बरतन उठा ले जाता है, पर वह नहीं देखती। उसका सिर उसी तरह खुला रहता है और दिवा की किरण कर्णफूल पर चमकती है। उसी चमक में केशों की स्निग्धता उभर आती है। तभी पश्चिम वाला बाहर का द्वार खुलता है। माँ अन्दर आती है। वे वृद्धा हैं। उनका मुख वेदना से पूर्ण है, आँखों में पीड़ा है और शरीर में थकान, उन्होंने साड़ी पर गरम चादर ओढ़ी है। उनकी पगध्वनि सुनकर उमा चौंककर उठती और आँचल ठीक करती है। माँ उसी के पास आकर धम्म से बैठ जाती हैं। बैठती-बैठती कहती हैं।]

माँ : *(भर्राया स्वर)* तूने सुना उमा?

उमा : *(अचरज)* क्या माताजी?

माँ : पिछले महीने अविनाश बहुत बीमार रहा था।

उमा : सच?

माँ : हाँ।

उमा : उन्होंने तो कुछ नहीं बताया।

माँ : वह क्या बताता। वह क्या वहाँ जाता है।

उमा : फिर भी सुना तो होगा! आपसे किसने कहा?

माँ : मैं कुमार के घर गई थी। वहीं उसकी मिसरानी ने मुझे बताया। कहने लगी, तुम्हारा बड़ा बेटा तो बहुत बीमार रहा, मरकर बचा। सुनकर मैं शर्म से गड़ गई। मेरा बेटा बीमार रहे और मुझे पता भी न लगे! *(आँसू भर आते हैं, स्वर लड़खड़ाता है)* बचपन में उसे कभी-कभी खाँसी हो जाती थी, वे बहुतेरा समझाते थे, नाराज भी हो जाते थे, पर जी नहीं मानता था; और अब...

[आगे बोला नहीं जाता। फूट-फूटकर रो पड़ती हैं। उमा करुणा से द्रवित, उनको सँभालती है।]

उमा : *(सान्त्वना से भीगा स्वर)* माताजी, माताजी! रोओ मत, इसमें आपका क्या अपराध है?

माँ : *(उसी तरह)* अपराध और किसका है। सब मुझी को दोष देते हैं। मिसरानी कह रही थी बहू कैसी भी हो, पर अपने प्राण देकर उसने पति को बचा लिया है। अकेली थी, पर किसी के आगे हाथ पसारने नहीं गई। केवल एक-दो बार मिसरानी ने दवा ला दी थी। वरना स्वयं दवा लाती थी, घर का काम करती थी और फिर अविनाश को देखती थी...

उमा : *(टोककर)* पर माताजी, भाई साहब को क्या हुआ था?

माँ : हैजा।

उमा : *(चौंकती है)*...हैजा...आ...!

माँ : मरकर बचा है, बेटी। दस दिन बीत गए, पर अभी तक दफ्तर नहीं जाता।

उमा : कैसा अचरज है उन्हें पता भी नहीं लगा।

माँ : पता लगा भी हो तो क्या वह बताने वाला है!

उमा : *(चोट खाकर)* पर माताजी, यह तो...

माँ : *(विद्रूप से)* मैं जानती हूँ। मेरे ही तो बेटे हैं। माया-ममता किसी को भी नहीं छू गई है। हर बात में देश, धर्म और कर्तव्य की दुहाई देना उन्होंने सीखा है। आखिर इनका बाप भी तो ऐसा ही निर्मम था। मुझे याद है जिस समय अतुल छोटा-सा लड़का रहा था, बचने की कोई आशा न थी; उस समय वे शान्त मन उसको धरती पर लिटाने के लिए सामान हटा रहे थे। दुनिया ने दाँतों-तले उँगली दबाकर कहा था, ऐसा भी क्या बाप जो अपने बेटे के लिए भी नहीं रोता। उसी बाप के ये बेटे हैं। मुझे सदा इन्होंने माया-ममता में फँसी हुई कहकर कोसा था। सदा मेरी निन्दा की है।

[चोट-पर-चोट खाकर उमा तिलमिलाती है उसके भाव पलटते हैं, करुणा पहले खीझ, फिर हल्के रोष में बदल जाती है।]

उमा : लेकिन माताजी! इसमें सब दोष भाभी का है।

माँ : वह तो है ही, पर बहू...

उमा : *(बात काटकर)* मैं अच्छी तरह जानती हूँ, वे देखने में बड़ी भोली लगती हैं परन्तु...

माँ : *(चौंककर)* भोली—

उमा : हाँ बहुत भोली, माताजी! बहुत प्यारी। जो एक बार देख लेता है वह फिर उस रूप को नहीं भुला सकता। बार-बार देखने को मन करता है। बड़ी-बड़ी काली आँखें; उनमें शैशव की भोली मुस्कराहट, अनजान में ही लज्जा से लाल हुए कपोलों पर रहने वाली हँसी...

माँ : *(और भी अचरज)* पर उमा! तूने क्या अविनाश की बहू को देखा है?

उमा : *(सँभलकर)* हाँ माताजी।

माँ : कब?

उमा : एक दिन जब आप उनसे गुस्सा होकर बहुत दुःखी हो रही थीं, तब मैं भाभी के पास गई थी। दोपहर का समय था, आप सो गई थीं। सच, माताजी! तब उनके रूप को देखकर मैं चौंक उठी थी। बंगाली इतने

सुन्दर होते हैं। मुझे देखकर वे मुस्कराईं, फिर गले में आँचल डालकर प्रणाम किया और जब मैंने अपना परिचय दिया तो गद्गद हो उठीं। मुझे छाती से लगा लिया...

माँ : *(वही विस्मय का स्वर)* पर तूने मुझे कभी नहीं बताया!

उमा : बताना ही नहीं चाहती थी।

माँ : क्यों?

उमा : क्योंकि मैं उनसे लड़ने गई थी।

माँ : *(भौचक)* लड़ने गई थी।

उमा : जी हाँ! मैं उनसे लड़ने गई थी, क्योंकि वे आपके दुःख का कारण थीं। वे न होतीं तो बड़े भैया आपसे अलग कैसे होते, यही बात मैंने उनसे भी कह दी थी।

माँ : *(उत्सुक)* सच?

उमा : जी हाँ।

माँ : तब?

उमा : तब पहले तो वे मेरी बात सुनकर मुस्करा दीं, फिर बोलीं, 'इसमें मेरा क्या दोष है? यह तो...!' मुझे तब क्रोध आ रहा था। बात काटकर मैंने कहा, 'दोष तुम्हारा नहीं है तो किसका है? तुम न चाहतीं तो बड़े भैया माँ को कैसे छोड़ देते। तुम अब भी चाहो तो सबकुछ ठीक हो सकता है। तुम उन्हें छोड़ सकती हो। तुम...तुम...'

माँ : *(चौंकती है)* उमा, उमा! यह कहा तुमने...?

उमा : *(भावावेश में)* हाँ, मैंने स्पष्ट कहा था। माँ की बेटे से अलग करना पाप है, माँ का हृदय तोड़ना अत्याचार है। उस अत्याचार को दूर करने के लिए प्राण भी देने पड़ें तो कम हैं।

माँ : *(उत्सुकता)* तो उसने क्या कहा?

उमा : वह बोलीं, 'बहन, मैं मानती हूँ माँ-बेटे के सम्बन्ध से बढ़कर और कोई सम्बन्ध नहीं है, परन्तु साथ ही पति से बढ़कर पत्नी के लिए भी और कुछ नहीं है। पति भी वह, जिसके लिए उसने समाज की ही नहीं, वरन् अपने हृदय की साक्षी दी है; जिसे वह प्यार करती है। उसके कहने पर वह प्राण दे सकती है, परन्तु उसको दुखी करके वह किसी को सुखी करने की कल्पना नहीं कर सकती। करेगी तो वह पापिन है। सोचो, तुम स्वयं पत्नी हो। यद्यपि तुमने मेरी तरह पति का वरण नहीं किया है, फिर भी तुम उन्हें प्यार करती हो...।' मुझे यह बात बुरी लगी, मैंने कहा, 'सब पत्नियाँ अपने पतियों को प्यार करती हैं, मैं भी करती हूँ, प्राणों से अधिक प्यार करती हूँ।' सुनकर वे घबराईं नहीं, चौंकी भी नहीं, बोलीं,

'सब की बात मैं नहीं कहती। इतना अधिकार मेरा नहीं है; पर यह मैं जानती हूँ, तुम अपने पति को प्यार करती हो, तभी तो यहाँ आई हो। मैं अतुल को भी जानती हूँ, उनका भाई है वह भी। कई बार मेरे पास आया है।'

माँ : *(हठात् चौंककर)* अतुल वहाँ गया है!

उमा : हाँ माता जी, उन्होंने यही कहा था। मुझे भी अचरज हुआ था। मैंने पूछा, 'वे यहाँ आते हैं?' तो हँसकर बोलीं, 'डरो नहीं। वे भाई के पास नहीं आते, दफ्तर के काम से आते हैं। तुम्हारी बातें उन्होंने ही मुझे बताई हैं। मैं जानती हूँ, तुम उन्हें प्यार करती हो। सोचो तो, कोई तुमसे कहे तुम अतुल को छोड़ दो, क्योंकि उनकी माँ या उनका परिवार इस विवाह से नाराज है तो क्या तुम...'

मैं आगे न सुन सकी। मैंने चिल्लाकर कहा, 'भाभी, बस करो...' पर उन्होंने बात पूरी करके दम लिया, बोलीं, 'तो क्या तुम उन्हें छोड़ दोगी, बोलो...'

तब मैंने त्रस्त होकर कहा था, 'नहीं भाभी! मैं नहीं छोड़ सकूँगी! तब भी नहीं।' सुनकर वे मुस्कराईं, कहने लगीं, 'अच्छा! अब छोड़ो इन बातों को। अभी तो आई हो और अभी ले बैठीं ये पचड़े। आओ अन्दर चलें।'

पर माताजी! मुझे न जाने क्या हो रहा था। मेरा अन्तर्मन काँपने लगा था; मैं उन्हें देखती थी तो जैसे मोहिनी-सी छा जाती थी। मैं थी भी और नहीं भी थी! मोह-ग्रस्त आदमी होता भी है और नहीं भी होता, पर हुआ यही, मैं वहाँ न ठहर सकी। वह पुकारती ही रह गईं।

माँ : *(स्वप्न से जागकर)* तो तुम चली आईं?

उमा : हाँ।

माँ : *(गम्भीर वेदना का स्वर)* उमा! पर तुम वहाँ हो तो आईं! अतुल भी जाता है, तुम सब जाते हो; तुम, जो निर्मम हो और मैं, जो मोह-ममता में फँसी हुई हूँ, उसकी सूरत को तरसती हूँ। कैसी उल्टी बात है?

उमा : *(क्षमा का स्वर)* पर माताजी! हम क्या उनसे मिलने गए थे? हम तो...

माँ : *(बीच में टोककर)* कहते हैं, चेतन से अचेतन अधिक शक्तिशाली है। उसमें अधिक आकर्षण है। इसलिए तुम एक-दूसरे के प्रति खिंचे। चाहे वह प्रेम था, चाहे घृणा थी; पर असल बात रक्त के खिंचाव की थी, वह होकर रही। काश कि...*(स्वर डूबता है)* काश कि मैं निर्मम हो सकती, काश कि मैं संस्कारों की दासता से मुक्त हो सकती! हो पाती तो कुल, धर्म और जाति का भूत मुझे तंग न करता और मैं अपने बेटे से न बिछुड़ती। स्वयं उसने मुझसे कहा था, 'संस्कारों की दासता सबसे

भयंकर शत्रु है।'

उमा : यह बड़े भैया ने कहा था?

माँ : हाँ, उसी ने कहा था। मैंने उसे बहुत समझाया, अपने प्रेम की दुहाई दी। पर वह सदा वही कहता रहा, 'माँ! सन्तान का पालन माँ-बाप का नैतिक कर्तव्य है। वे किसी पर एहसान नहीं करते, केवल राष्ट्र का ऋण चुकाते हैं। वे ऋण-मुक्त हों, यही उनका परितोष है। इससे अधिक मोह है, इसीलिए पाप है।' पर मैं क्या करूँ! मैं जो इससे अधिक है, उसी को पाने को आतुर हूँ। मैं ही क्यों, सभी माता-पिता यही चाहते हैं। तभी मैं समझती हूँ, उस डाकिन ने मेरे बेटे को मुझसे छीना है। पर वास्तव में दोष उसका नहीं है।

उमा : माता जी! लगता तो मुझे भी ऐसा ही है।

[अतुल का प्रवेश। स्वस्थ युवक; साँवला रंग, मुख पर दृढ़ता और आँखों में सौम्यता। उसे देखकर उमा उठती है। क्षण-भर उसे देखती है। वह सदा की तरह शान्त है। फिर रसोई की ओर चली जाती है, अतुल सीधे आकर कुर्सी पर बैठ जाता है और माँ को देखकर कहता है।]

अतुल : क्या बन रहा है, माताजी!

माँ : *(अनसुना करके)* तूने सुना रे?

अतुल : क्या?

माँ : अविनाश बहुत बीमार था।

[स्वर भीग जाता है।]

अतुल : *(जूता खोलते-खोलते)* हाँ, उन्हें हैजा हो गया था!

माँ : *(अचरज)* तू जानता था!

अतुल : हाँ।

माँ : तूने मुझसे कहा तक नहीं।

अतुल : तुमसे कहता क्यों?

माँ : क्यों, क्या मैं उसकी माँ नहीं थी?

अतुल : *(मुस्कराता है)* माँ तो हो, पर सुनकर क्या करतीं? क्या उसके पास जातीं?

[माँ सहसा जवाब नहीं देतीं। अतुल फिर कहता है।]

अतुल : मैं जानता था, तुम वहाँ नहीं जा सकोगी और जाने से भी क्या होता है। जब तक तुम नीची श्रेणी की विजातीय भाभी को घर नहीं ला सकतीं, तब तक प्रेम और ममता की दुहाई व्यर्थ है। तुम सब निर्मम हो, निर्मम...

माँ : *(बीच में रोककर)* मैं निर्मम हूँ?

अतुल : निर्मम ही नहीं, कायर भी। जिन संस्कारों में तुम पली हो, उन्हें तोड़ने की शक्ति तुममें नहीं है, माँ!

[उमा फिर प्रवेश करती है, उसके हाथ में चाय की ट्रे है जिसे वह कमरे में ले जा रही है, पर बात सुनकर रुकती है। कहती है।]

उमा : लेकिन आप में तो है, आप तो वहाँ गए होंगे।

अतुल : मुझे वहाँ जाने के लिए कोई काम नहीं था, इसलिए नहीं गया!

उमा-माँ : *(एक साथ)* आप भी नहीं गए! हैं तू भी नहीं गया! *(प्याले झनझनाते हैं।)*

अतुल : जाकर क्या करता?

उमा : *(विद्रूप से)* भाई के मरने का समाचार सुनकर भी आपका हृदय नहीं पसीजता?

अतुल : *(शान्त स्वर)* उमा, यदि तुम भाई साहब को जानती होतीं तो ऐसी बात नहीं कहतीं। मुझे तो क्या, वे मेरे डॉक्टर को भी अपने पास नहीं आने देते।

उमा : लेकिन फिर भी आप उनके भाई थे, आपको देखकर उन्हें शान्ति मिलती। वे...

अतुल : *(उठता है और नौकर को पुकारता है)* रामसिंह, पानी ले आओ।

[शीघ्रता से कोई चलता है। आवाज आती है।]

आवाज : लाया सरकार।

अतुल : *(उमा की ओर मुड़कर)* देखो उमा। भाभी से बढ़कर भैया का और कोई नहीं है, यह कटु सत्य हमें स्वीकार करना ही चाहिए। इसलिए उनके होते हमें कुछ भी करने का अधिकार नहीं था और न है।

[उमा त्रस्त होकर चली जाती है। माँ भी उठती हैं। नौकर पानी ले आया है। अतुल हाथ-मुँह धोने लगता है। कई क्षण केवल पानी गिरने का शब्द होता रहता है, फिर बाहर का द्वार खुलता है। मिसरानी प्रवेश करती है। प्रौढ़ है और एक फटी हुई ऊनी चादर ओढ़े है। सिमटी-सी अतुल को देखती हुई अन्दर चली जाती है। अतुल उसे देखकर भी नहीं देखता। फिर अन्दर से बातें करने का स्वर उठता है। शीघ्र ही वह तीव्र हो जाता है। सूर्य की किरणें धीरे-धीरे विदा लेती हैं, सन्ध्या विश्व के रंगमंच पर प्रवेश करती है, थके विश्व को सहलाने के लिए। तभी माँ कमरे से बाहर आती हैं। वे अब और भी उद्विग्न हैं। उनके पैर डगमगाते हैं। वाणी रुँध जाती है।]

माँ : अतुल! तूने और भी सुना!

अतुल : क्या माँ!

माँ : अब अविनाश अच्छा हुआ तो उसकी बहू बीमार पड़ गई। कहते हैं, उसके बचने की कोई आशा नहीं है।

अतुल : हाँ। सुना तो है।

[उमा का प्रवेश]

उमा : क्या सुना है?

अतुल : यही कि भाभी मरणासन्न हैं।

उमा : *(चकित)* क्या?

माँ : तो तुझे यह भी पता है!

अतुल : हाँ माताजी। मुझे पता है और यह भी पता है कि अपने प्राण खपाकर भाभी ने भैया को बचा लिया था, परन्तु भैया के पास भाभी को बचाने के लिए प्राण नहीं हैं।

माँ : *(अनसुना करके)* अतुल! तो अविनाश की बहू मर जाएगी!

अतुल : सुना तो ऐसा ही है।

[उमा अचरज से माँ को देखती है, फिर पति को।]

उमा : आप क्या कह रहे हैं? आप वहाँ नहीं गए? नहीं, नहीं, आप वहाँ जाइए।

अतुल : *(उसी तरह शान्त)* कोई लाभ नहीं होगा उमा! भैया में एक दोष है—वे जो कहते हैं, करना जानते हैं। उनके पास पैसा नहीं है, परन्तु उसके लिए वे किसी के आगे हाथ नहीं पसारेंगे। वे फौलाद के समान हैं, जो टूट जाता है और झुकता नहीं।

उमा : *(काँपकर)* लेकिन भाभी को कुछ हो गया—तो?

अतुल : *(गम्भीर)* भाभी को कुछ हो गया तो...तो क्या होगा? *(सहसा काँपकर)* नहीं उमा। इससे आगे सोचने का अधिकार मुझे नहीं है।

[सहसा माँ आगे बढ़ आती है।]

माँ : लेकिन मुझे तो है।

अतुल : *(उसी तरह)* अधिकार तो तुम्हें भी नहीं है माँ। पर तुम सोचो तो तुम्हें कोई रोक भी नहीं सकता।

माँ : *(उद्विग्न)* तो मैं सोचती हूँ, अविनाश की बहू को कुछ हो गया तो...तो शायद अविनाश भी...

[आगे शब्द नहीं निकलते। वाणी फूट पड़ती है। उमा अवाक् उन्हें देखती है।]

उमा : *(चकित दुखित)* माताजी, माताजी!

माँ : हाँ बेटी। मैं उसे जानती हूँ, वह नहीं बचेगा, नहीं बचेगा।

उमा : *(कम्पित स्वर)* माताजी, आप क्या कह रही हैं?

अतुल : *(गम्भीर)* माँ, तुम इतना जानती हो?

माँ : हाँ उमा, अतुल! मैं ठीक कह रही हूँ, वह नहीं बचेगा। उसे बचाने की शक्ति केवल मुझी में है, केवल मुझी में...

[फिर अचरज।]

उमा-अतुल : *(एक साथ)* माँ...

माँ : *(उसी तरह)* अतुल! इसलिए कहती हूँ, तू एक बार मुझे उसके पास ले चल। वह निर्मम है, पर मैं माँ हूँ। मुझे निर्मम नहीं होना चाहिए। मैं उसके पास चलूँगी।

[उमा हर्ष से काँपती है। अतुल उसी तरह गम्भीर है।]

उमा : माँ, तुम कितनी अच्छी हो!

अतुल : *(गम्भीर)* अभी चलो माँ, पर चलने से पहले एक बात सोच लो। यदि तुम उस नीच कुल की विजातीय भाभी को इस घर में नहीं ला सकीं तो जाने से कुछ नहीं होगा।

माँ : *(अपेक्षाकृत शान्त)* जानती हूँ अतुल! इसीलिए तो जा रही हूँ।

अतुल : *(हर्षित)* ऐसी बात है तो चलो माँ, अभी चलो *(पुकारकर)* रामसिंह! ताँगा लाओ, अभी इसी वक्त। और उमा! तुम भी चलो, शीघ्र उमा...

[कहता हुआ वह बड़े कमरे से होकर बाहर जाता है। उसकी आँख भर आई है। माँ और उमा कई क्षण तक शून्य में ताकती रहती हैं। वातावरण में शान्ति और स्निग्धता है। सहसा उमा को पुस्तक के वाक्य याद आ जाते हैं। वह फुसफुसाती है।]

उमा : जिन बातों का हम प्राण देकर भी विरोध करने को तैयार रहते हैं, एक समय आता है, जब चाहे किसी कारण से भी हो; हम उन्हीं बातों को स्वीकार कर लेते हैं।

[उसका मुख प्रकाश से मुखरित हो उठता है। नौकर ने पीछे से स्विच दबा दिया है। यहीं पर पर्दा गिर जाता है।]

❑

मोहन राकेश

हिन्दी एकांकी के क्षेत्र में मोहन राकेश ने अपनी एक विशिष्ट पहचान बनाई है। नाटक या एकांकी के क्षेत्र में ही नहीं, अपितु कहानी और उपन्यास के क्षेत्र में भी इनकी देन बहुत मूल्यवान है।

8 जनवरी 1925 को अमृतसर (पंजाब) में जन्मे मोहन राकेश का असली नाम मदनमोहन गुगलानी था। इनके पिता करमचन्द गुगलानी उच्च स्तरीय वकील थे। इनकी प्रारम्भिक शिक्षा अमृतसर तथा उच्च शिक्षा लाहौर में हुई। पिता चूंकि अमृतसर के प्रतिष्ठित नागरिक होने के साथ-साथ जागरूक कार्यकर्ता, साहित्यिक और सांस्कृतिक संस्थाओं के पदाधिकारी भी थे। साहित्य और संगीत में उनकी दिलचस्पी थी। मदनमोहन ने पिता से यह रुचि और संस्कार प्राप्त किए। पिता की बैठकों में मित्रों के बीच साहित्यकारों पर होनेवाली चर्चा को मदनमोहन ध्यान से सुनते और कभी-कभी संस्कृत में भी गद्य-पद्य रचना का अभ्यास करते।

इन्होंने अपनी आजीविका एक शिक्षक के रूप में प्रारम्भ की। सन् 1947 ई. में बम्बई विश्वविद्यालय में एलफिंस्टन कालेज में हिन्दी के अतिरिक्त भाषा शिक्षण के लिए मोहन राकेश की नियुक्ति हुई। जालन्धर में डी.ए.वी. कालेज में की गई नौकरी से छह महीने बाद ही निकाल दिए गए क्योंकि वहाँ की टीचर्स यूनियन में रहकर उन्होंने अधिकारियों की दमन नीति का विरोध किया था। शिक्षण-अध्यापन के कुछ वर्ष इन्होंने दिल्ली विश्वविद्यालय तथा शिमला में भी व्यतीत किए। राजनीतिक अस्थिरता और अक्खड़ स्वभाव के कारण वे एक जगह पर स्थायी रूप से टिक नहीं सके। टिकना उनके स्वभाव में नहीं था। अपने अन्तिम दिनों में रंगमंच को लेकर वे गम्भीरतापूर्वक अनुसन्धान कार्य में जुटे थे। इसके लिए इन्हें नेहरू फेलोशिप भी प्रदान किया गया था। राकेश विभिन्न कला माध्यमों—रंगमंच, रेडियो, दूरदर्शन, फिल्म—में परस्पर सम्बन्ध स्थापित करने के प्रयत्न कर रहे थे।

मोहन राकेश हिन्दी के ऐसे प्रथम नाटककार हैं जिन्होंने हिन्दी नाटक को भारतीय स्तर पर प्रतिष्ठित किया, उसे मौलिक स्वतन्त्र और जटिल रूप प्रदान किया और हिन्दी नाटकों को आधुनिक छन्द और समकालीन चेतना से सम्पृक्त किया। उनके नाटकों से ही हिन्दी रंगमंच, हिन्दी रंगमंच निदेशक, अभिनेता और दर्शक को विशिष्ट सत्ता और प्रतिष्ठा मिली। रंगमंच और नाटक एक-दूसरे के पूरक और पर्याय

बने। मोहन राकेश ने नाट्यभाषा को उसकी सर्जनात्मकता दी। नाट्यभाषा, नाटक के शब्द की खोज उनकी मुख्य दिशा थी। उन्हीं के नाटकों में नाट्य-समीक्षा को भी स्वतन्त्र दृष्टि मिली।

रचनाएँ

कहानियाँ–राकेश की 66 कहानियाँ 'आज के साये', 'रोएँ रेशे', 'एक एक दुनिया' और 'मिले-जुले चेहरे' शीर्षकों में चार खंडों में उपलब्ध हैं। 'इंसान के खँडहर', 'नए बादल', 'जानवर और जानवर', 'पहचान' और 'बारिश' तथा 'मेरी प्रिय कहानियाँ' और 'श्रेष्ठ कहानियों' के नाम से कथा संचयन भी उपलब्ध हैं।

उपन्यास–'अँधेरे बन्द कमरे' (1961), 'न आनेवाला कल' (1970), 'अन्तराल' (1973)।

यात्रा-वृत्तान्त–'आखिरी चट्टान तक'।

जीवनी साहित्य–'समय सारथि'।

बाल साहित्य–'बिना हाड़-मांस के आदमी'।

निबंध व लेख–'बकलम खुद', 'परिवेश'।

राकेश का प्रथम नाटक 'आषाढ़ का एक दिन' 1958 में छपा जो महाकाव्य कालिदास के जीवन से सम्बन्धित है। यह नाटक राकेश को हिन्दी के शीर्षस्थ नाटककारों में प्रतिष्ठित करता है और हिन्दी नाटक और रंगमंच को भारतीय नाटकों और रंगमंच को समकक्ष लाता है। इस पर उन्हें संगीत नाटक अकादमी का सर्वोत्कृष्ट नाटक पुरस्कार भी प्राप्त हुआ। उनके अन्य नाटक हैं 'लहरों के राजहंस' (1963), 'आधे-अधूरे' (1969)।

पूर्ण नाटकों के बाद मोहन राकेश ने कुछ छोटे नाट्य प्रयोग भी आरम्भ किए थे जो 'बीज नाटक' के नाम से पहले पत्रिकाओं में प्रकाशित हुए, बाद में उनकी मृत्यु के बाद 'अंडे के छिलके' संग्रह में संकलित हुए हैं। मानव जीवन के अन्तर्विरोधों की उलझी आकृतियाँ इस संग्रह में साकार हैं। निष्क्रियता, घुटन, राजनीति, जंगली व्यवस्था का जनतंत्रीकरण, मूल्यहीनता की टूटन, मध्यवर्गीय मानसिकता का रिक्तताबोध आदि जीवनगत कुरूपताओं को राकेश ने अपने इस एकांकी-संग्रह में खुलकर वाणी दी है।

'छतरियाँ' पार्श्व नाटक राकेश को और नए रूप में सामने लाता है। इसका शिल्प और कथ्य दोनों ही एकदम भिन्न हैं। जो नाटक के सम्बन्ध में राकेश के संयमित चिन्तन और सर्जन की आकुलता को, उनकी कल्पनाशील दृष्टि और समकालीनता के बोध को एक साथ व्यक्त करता है। 'पैर तले की जमीन' भी 'आधे-अधूरे' की तरह चारों ओर बिखराव, अस्त-व्यस्तता, खालीपन, हड़बड़ाहट, बेचैनी और अनिश्चितता से प्रारम्भ होता है, जिसे राकेश अब्दुल्ला जैसे पात्र की सृष्टि

करके स्थिति का चयन करके और नाट्य-भाषा की बनावट एवं संवादों की प्रकृति और टकराहट से पैदा करते हैं।

'बहुत बड़ा सवाल' एकांकी 'अंडे के छिलके' संग्रह में संकलित है। 'अंडे के छिलके' उन एकांकियों का संग्रह है, जिन्हें राकेश की मृत्यु के बाद संगृहीत किया गया। इससे पहले वे पत्रिकाओं में प्रकाशित हुए थे। प्रस्तुत एकांकी पहले 'धर्मयुग' में प्रकाशित हो चुका है। इसमें समस्या के समाधान के लिए आयोजित गोष्ठियों और सेमिनारों की अर्थहीनता और उसमें भाग लेनेवालों का संकीर्ण और स्वार्थी रूप उभरता है। इस एकांकी का सम्बन्ध मध्यवर्गीय बाबुओं की स्थिति से है—किस प्रकार वे जड़, शिथिल, ढुलमुल स्थिति में जीते हैं, किसी भी स्थिति में मात्र आलोचना, व्यंग्य, कटाक्ष या एक-दूसरे की छीछालेदर पर ही उनकी सारी शक्ति और समय का अपव्यय होता है, न तो वे किसी निर्णय तक पहुँचना चाहते हैं, न ही मौजूदा स्थिति में किसी प्रकार के सुधार की आशा उन्हें दिखाई देती है। जीवन में सार्थकता लाने के किसी विचार को स्वीकार करने को तैयार ही नहीं। जड़ माहौल में, रुटीन जिन्दगी जीते-जीते उनकी मानसिकता कुंद हो चुकी होती है। जीवन में सुविधाएँ पाने की आकांक्षा तो है किन्तु उन्हें प्राप्त करने के लिए क्या आवश्यक कदम उठाने हैं, यह उन्हें ज्ञात नहीं। ज्ञात हो भी तो आपसी खींचतान में कोई एक-दूसरे से सहयोग कर एक प्रस्ताव पारित करने को तैयार नहीं। इस तथ्य को उद्घाटित करते हैं लो ग्रेड वर्कर्स वेलफेयर सोसायटी के मेम्बर, जो अपने लिए सस्ते मकान बनवाना चाहते हैं और सरकार से उन्हें छोटी-छोटी किश्तों पर उपलब्ध करवाने की व्यवस्था चाहते हैं, किन्तु सोसायटी क़ा चेयरमैन ही मीटिंग में नहीं पहुँचता। साढ़े पाँच बजे वाली मीटिंग में शेष सदस्य भी साढ़े छह बजे आना शुरू करते हैं। मीटिंग शुरू करने से पहले का लम्बा इन्तजार गप्प लड़ाने, चाय पीने, मूंगफली खाने आदि में बिताया जाता है, जिसके खर्च से हर कोई बचना चाहता है। मीटिंग होती भी है तो केवल बहस होती है, जिसमें भद्दे मज़ाक, भाषा की तोड़-मरोड़, एक-दूसरे के चरित्र पर फब्तियाँ कसने या चुगली करने पर बल अधिक रहता है, सकारात्मक कार्य पर कम। परिणामस्वरूप कोई प्रस्ताव पास नहीं होता—हो भी नहीं सकता। वाक् आउट होता है। कुछ सदस्य पहले ही चले जाते हैं। कोरम पूरा होने के अभाव में प्रस्ताव धरा का धरा रह जाता है—वह प्रस्ताव सेक्रेटरी को जिसका ड्राफ़्ट तक बनाना नहीं आता, जो ड्राफ़्ट वह घर से बनाकर लाया था, वह ऐन मौके पर मिलता नहीं और बहुत खोज-पड़ताल के बाद बाहर कूड़े से प्राप्त होता है।

ये स्थितियाँ हास्य भी पैदा करती हैं और लेखक की दृष्टि को भी उजागर करती हैं। लेखक इस तरह की मीटिंग्स की निरर्थकता को सामने लाना चाहते हैं, जिसका बोध सबको है। सदस्यों की बात तो क्या, ऐसी मीटिंग्स को चेयरमैन तक सीरियसली नहीं लेते, ऐसे व्यक्ति को उस मीटिंग का चेयरमैन चुन लिया जाता है, जिसे न स्थिति की जानकारी है, न शब्दों के सही उच्चारण का ज्ञान और न ही मुद्दे के प्रति किसी

प्रकार की कमिटमेंट। सदस्य भी मात्र खानापूर्ति के लिए पहुँचते हैं। न कोई गम्भीर मानसिकता है, न गम्भीर विचार, न गम्भीर वातावरण। लचर तरीके से मीटिंग्स शुरू होती है, उससे भी लचर ढंग से उनकी कार्यवाही चलती है और परिणाम—वही ढाक के तीन पात। इस स्थिति को रामभरोसे और श्याम भरोसे चपरासियों के वार्तालाप से बखूबी स्पष्ट किया गया है—'मीटिंग में क्या-क्या पास कर गए?' "पास कर गए कि—रामभरोसे रामभरोसे के घर में रहेगा, श्यामभरोसे श्यामभरोसे के घर में और बाबू लोग अपने अपने घरों में रहेंगे।"—रामभरोसे का यह कथन मध्यवर्गीय बाबुओं की निष्क्रियता, जड़ता और निर्णय लेने में अक्षमता के परिणामस्वरूप किसी भी स्थिति में कोई सुधार लाने के स्थान पर 'स्टेटस को' बनाए रखने की विवशता को दर्शाता है। इस विवशता से मध्यवर्ग स्वयं बखूबी परिचित है, किन्तु अपनी बुरी आदतों का गुलाम होने के कारण न तो वह उससे उबर सकता है, न उबरने के किसी प्रयास में सहयोग ही दे सकता है—अतः मीटिंग वास्तव में ही तमाशा बन कर रह जाती है। रामभरोसे कहता भी है—"तमाशा खत्म हुआ" यानि जो कुछ था, वह अर्थहीन था और फिर कहता है—"अब सीधा हो जा, बहुत कूड़ा कर गए हैं, साफ़ करना है"—यह मध्यवर्ग की निष्क्रियता और हलकी मनःस्थिति को दर्शाता है। साथ ही सद्विचारों को जन्म देनेवाले मन-मस्तिष्क तथा क्रियाशक्ति पर जमी धूल की परतों की ओर भी संकेत करता है, जिसे शायद निम्न वर्ग साफ़ कर सके हालाँकि वह भी यह नहीं जानता कि कैसे? उसे करना है, इसलिए वह कहता है—"सुपरिंटेंडेंट कहते हैं, सीधा झाड़न मारो, सो सीधा मार देते हैं। आप कोई और तरीका बताओ तो वैसे कर देते हैं।"—एकांकी का आरम्भ धूल झाड़ने से और अन्त कूड़ा साफ़ करने से हुआ है—दोनों ही सांकेतिक हैं। स्थितियों की ऐसी योजना व्यंग्य को उद्घाटित करने में समर्थ है। पात्रों के छोटे-छोटे कार्यों द्वारा पात्रों के जो बिम्ब बनते हैं, उनसे व्यंग्य पैना बन गया है।

बहुत बड़ा सवाल

मोहन राकेश

पात्र

राम भरोसे	*गुरप्रीत*
श्याम भरोसे	*प्रेम प्रकाश*
शर्मा	*दीन दयाल*
कपूर	*रमेश*
मनोरमा	*मोहन*
सन्तोष	*सत्यपाल*

[स्थान : एक स्कूल का कमरा जिसे ब्लैक बोर्ड कोने में हटाकर मीटिंग के लिए तैयार कर लिया गया है। मास्टर की कुर्सी-मेज़ अध्यक्ष के लिए है और बच्चों के डेस्क शेष सदस्यों के लिए। पीछे दीवार पर संसार का बहुत बड़ा मानचित्र लटक रहा है। आने-जाने के लिए दोनों तरफ़ दरवाज़े हैं।
पर्दा उठने पर राम भरोसे और श्याम भरोसे डेस्कों से धूल झाड़ रहे हैं।]

श्याम भरोसे : *(हाथ रोककर)* राम भरोसे!

[राम भरोसे बिना सुने धूल झाड़ता रहता है।]

: ए राम भरोसे!

राम भरोसे : *(बिना हाथ रोके)* क्या है?

श्याम भरोसे : इतनी धूल क्यों उड़ाता है? आहिस्ता से नहीं झाड़ा जाता? रोज-रोज की धूल से फेफड़े पहले ही खाए हुए हैं।

राम भरोसे : तो रोता क्यों है? जान पाँच बरस में नहीं जाएगी, चार बरस में चली जाएगी।

श्याम भरोसे : तू अपनी जान चाहे पाँच बरस में दे, चाहे एक बरस में। पर मेरी जान अभी रहने दे।

राम भरोसे : ससुरी रोज-रोज ये मीटिंग होंगी, तो किसकी जान रहेगी? आज एक का जन्म-दिवस होकर निकलता है, तो कल दूसरे का मरन-दिवस आ जाता है। जनमें-मरें ये, धूल खाएँ राम भरोसे, श्याम भरोसे। *(जोर-जोर से झाड़ता हुआ)* सबेरे निकालो, तो शाम को चली आती है। शाम को निकालो, तो सबेरा नहीं होने देती।

श्याम भरोसे : आज भी किसी का जन्म-दिवस है क्या?

राम भरोसे : पता नहीं, कौन दिवस है? अपना मरन-दिवस है।

[ढीले-ढाले ढंग से फाइल हाथ में लिए शर्मा बाहर से आता है।]

शर्मा : *(अपने आप बड़बड़ाता हुआ)* अभी तक कोई नहीं है यहाँ।

राम भरोसे : *(हाथ रोककर)* कोई भी नहीं है, माने?

शर्मा : माने जो आनेवाले थे, उनमें से कोई भी। लोग समझते हैं, मेरे बाप के घर का काम है। जैसे मुझे तनख्वाह मिलती है इसकी। कोई एक आदमी वक्त से नहीं आता।

श्याम भरोसे : साहब, आज किसी की साल-गिरह है यहाँ पर?

शर्मा : मेरे झख मारने की साल-गिरह है। तुम लोगों से अभी तक डेस्क साफ नहीं हुए?

राम भरोसे : देख रहे हो, कर ही रहे हैं।

शर्मा : साढ़े पाँच मीटिंग शुरू होनी थी और पौने छह बज चुके हैं। लोग देर से आएँ, तुम लोगों को तो जगह वक्त से तैयार कर देनी चाहिए।

राम भरोसे : एक घड़ी दिला दो, साहब! तब हम वक्त से सब काम कर सकते हैं। हमें क्या मालूम, कब पाँच बजता है, कब साढ़े पाँच?

शर्मा : स्कूल में वक्त से घंटी नहीं बजाते?

श्याम भरोसे : सुपरीडेंट की डाँट सुनकर बजाते हैं। घड़ी तो स्कूल की कब से खराब पड़ी है।

राम भरोसे : आप लोगों के हाथ पर लगी रहती है, फिर भी देर कर जाते हो। हमारी तो कोई बात ही नहीं है।

श्याम भरोसे : और जल्दी कर दें, तो डाँट पड़ती है कि जल्दी क्यों किया, फिर से धूल भर गई। जल्दी न करें, तो डाँट पड़ती है कि जल्दी क्यों नहीं किया, टाइम बरबाद हो रहा है।

राम भरोसे : कोई जादू तो जानते नहीं। हाथ से काम करते हैं, कर रहे हैं।

शर्मा : बक-बक मत करो, काम करो। अभी कितना काम बाकी है?

राम भरोसे : क्लास सारी झाड़ दी है। मास्टर की कुर्सी बाकी है।

[जाकर उस कुर्सी-मेज को साफ करने लगता है।]

: लो हो गई यह भी। और बता दो जो झाड़ना हो।

श्याम भरोसे : ब्लैक बोर्ड तो नहीं चाहिए?

शर्मा : नहीं। पर दोनों आदमी कहीं जाना नहीं। यहीं दरवाजे के पास बैठना। पता नहीं किस काम के लिए जरूरत पड़ जाए।

[आगे की डेस्क पर बैठने लगता है, पर सहसा उठ जाता है।]

: यह सफाई की है? देखो, कितनी धूल जमी है यहाँ। सफाई इस तरह से की जाती है?

राम भरोसे : क्या पता साहब, किस तरह से की जाती है। किसी स्कूल से इस काम की पढ़ाई तो पढ़े नहीं हैं।

श्याम भरोसे : सुपरीडेंट कहता है, सीधा झाड़न मारो, सो सीधा मार देते हैं। आप कोई और तरीका बताओ, तो वैसे कर देते हैं।

शर्मा : नानसेंस! अब जैसा हुआ है, रहने दो।

श्याम भरोसे : रहने दो, तो रहने देते हैं।

[शर्मा रूमाल से सीट साफ करके डेस्क पर बैठ जाता है।]

शर्मा : जाओ, बाहर बैठो अब।

श्याम भरोसे : क्यों साहब, मीटिंग बरखास्त कब होगी?

शर्मा : क्या पता कब होगी। तुम्हें क्या करना है?

श्याम भरोसे : कमरे को ताला नहीं लगाना है? ताला लगेगा, तभी तो यहाँ से जा पाएँगे। नहीं तो सुपरीडेंट कल हमारी जान को आएगा।

[वह और राम भरोसे दोनों दायीं तरफ के दरवाजे के बाहर जा बैठते हैं। राम भरोसे हाथ पर सुरती मलने लगता है। श्याम भरोसे ऊँघने की मुद्रा में टेक लगा लेता है। मनोरमा, सन्तोष और गुरप्रीत उसी दरवाजे से आती हैं। राम भरोसे आँखें उठाकर चिढ़े हुए भाव से उन्हें आते देखता है।]

मनोरमा : क्या बात है, शर्मा? पहरा क्यों बिठा रखा है बाहर? मीटिंग में मार-धाड़ तो नहीं होने वाली है?

शर्मा : *(उठता हुआ)* साढ़े पाँच हो गए आप लोगों के?

मनोरमा : अभी कोई भी तो नहीं आया, सिवाय हमारे।

शर्मा : साढ़े छह तक आराम से आएँगे लोग। वक्त की पाबन्दी तो सिर्फ एक आदमी पर है। क्योंकि वह कमबख्त सेक्रेटरी है।

सन्तोष : मैंने इसीलिए अपना नाम वापस ले लिया था। मुफ्त की सिरदर्दी।

मनोरमा : तूने इसीलिए नाम वापस ले लिया था कि शर्मा के खिलाफ तुझे

तीन वोट भी न मिलते। अवर शर्मा इज ग्रेट।

सन्तोष : लांग लिव शर्मा!

मनोरमा : *(गुरप्रीत से)* तू इतनी गुपचुप क्यों है?

सन्तोष : शर्मा के सामने यह हमेशा गुपचुप हो जाती है।

गुरप्रीत : प्लीज!

[कपूर मुस्कराता हुआ बायीं तरफ के दरवाजे से आता है।]

कपूर : वाह, वाह!

मनोरमा : वाह, वाह!

कपूर : आप किस चीज की दाद दे रही हैं?

मनोरमा : आपकी वाह-वाह की।

कपूर : मैं तो इस बात पर वाह-वाह कर रहा था कि शर्मा तीन-तीन लेडीज से घिरा है। सेक्रेटरी होने के ये मजे होते हैं।

शर्मा : आज से तुम सेक्रेटरी हो जाओ।

मनोरमा : और शर्मा को चेयरमैन बना दीजिए।

कपूर : चेयरमैन मत कहिए...वह कहिए...क्या होता है वह...अधि-अक्ष।

सन्तोष : अध्यक्ष।

कपूर : अधि-अक्ष।

सन्तोष : *(जोर देकर)* अध्यक्ष।

कपूर : *(जोर देकर)* अधि-अक्ष। वह तुम्हारा अधि-अक्ष अभी तक नहीं आया, शर्मा?

शर्मा : तुम्हीं कौन वक्त से आ गए हो?

कपूर : दस-बीस मिनट लेट, लेट नहीं होता। और फिर मैं तो साधारण सदसिय हूँ।

मनोरमा : सीधे मेम्बर क्यों नहीं कह देते? सदसिय!

कपूर : वह लफ्ज क्या है वैसे?

मनोरमा : सदस्य।

कपूर : सदसिय।

मनोरमा : *(जोर देकर)* सदस्य।

कपूर : *(जोर देकर)* सदसिय। मैं पहले ही कहता था, इस आदमी को चेयरमैन नहीं बनाना चाहिए। आज छुट्टी का दिन है, वैसे भी ठंड है, घर में रजाई में दुबककर सो रहा होगा। सॉरी...घर में नहीं होगा, वह होगा आज उसके यहाँ...।

सन्तोष : किसके यहाँ?

गुरप्रीत : प्लीज!

सन्तोष : नाम तो जान लेने दे।

गुरप्रीत : प्लीज़! प्लीज़! प्लीज़!

कपूर : गुरप्रीत जी नाम जानती हैं।

सन्तोष : जानती है तू?

गुरप्रीत : मैं इसीलिए आप लोगों की मीटिंग में नहीं आना चाहती। यहाँ काम तो कुछ होता नहीं, बस इसी तरह की बातें होती रहती हैं।

कपूर : गुरप्रीत जी की सहेली है वह।

सन्तोष : अच्छा...वह?

कपूर : हाँ, वही।

सन्तोष : यह कब से?

कपूर : कब से? दो साल से तो मैं ही जानता हूँ।

सन्तोष : पर वह तो पहले...।

कपूर : आप बहुत पुरानी बात कर रही हैं। लगता है, आप शहर में नहीं रहतीं।

सन्तोष : *(गुरप्रीत से)* सच बात है यह?

गुरप्रीत : *(शर्मा से)* मैं जान सकती हूँ, मीटिंग कब शुरू होगी?

कपूर : कम-अज-कम चेयरमैन तो आ जाए। क्यों शर्मा, तब तक एक-एक प्याली चाय न पी ली जाए? ठंड आज वाकई बहुत है। क्यों, मनोरमा जी?

मनोरमा : आई डोंट माइंड।

कपूर : राम भरोसे!

राम भरोसे : *(सुरती फाँककर)* फरमाइए।

कपूर : जाकर लाला से एक सेट चाय ले आ। पाँच प्यालियाँ।

शर्मा : मैं नहीं पिऊँगा।

गुरप्रीत : मैं भी नहीं लूँगी।

कपूर : आपको लेनी चाहिए। आपकी तबीयत सुस्त लग रही है।

गुरप्रीत : थैंक्स। मुझे इस वक्त जरूरत नहीं है।

कपूर : राम भरोसे, आधा सेट और तीन प्यालियाँ।

मनोरमा : शर्मा से भी तो दूसरी बार पूछ लेते।

कपूर : क्यों भई, शर्मा?

शर्मा : यह मीटिंग का वक्त है, चाय पीने का नहीं।

कपूर : राम भरोसे! आधा सेट और तीन प्यालियाँ।

सन्तोष : साथ थोड़ी मूँगफली। शर्मा मूँगफली खाएगा!

कपूर : पचीस पैसे की मूँगफली।

शर्मा : मैं ठीक छह बजे मीटिंग शुरू कर दूँगा। तुम लोग चाय पीते रहना।

[राम भरोसे सहज भाव से चलकर शर्मा के पास आ जाता है।]

राम भरोसे : *(शर्मा से)* पैसे आप देंगे या...?

मनोरमा : कपूर साहब देंगे।

[कपूर जेब से बटुवा निकालकर देखता है।]

कपूर : मेरे पास दस का नोट है।

मनोरमा : कोई बात नहीं, टूट जाएगा।

[कपूर राम भरोसे को नोट देता है।]

कपूर : चेंज गिन कर लाना।

राम भरोसे : *(जाते-जाते)* जितनी गिनती आती है, उतना गिनकर ले आएँगे।

गुरप्रीत : मुझे आज मीटिंग होती नहीं लगती।

सन्तोष : अभी तो कोरम ही पूरा नहीं है।

कपूर : क्यों न मीटिंग कैंसिल करके सब लोग कैंटीन में चलकर चाय पिएँ?

शर्मा : मीटिंग कैंसिल नहीं होगी। आज की छुट्टी तो बरबाद हुई ही है, फिर एक और छुट्टी बरबाद करनी पड़ेगी।

मनोरमा : सेक्रेटरी के मुँह से ऐसी बात अच्छी नहीं लगती।

शर्मा : मैं तो इसी वक्त त्यागपत्र देने को तैयार हूँ। आप लोग मंजूर कर दीजिए।

कपूर : वाह! तिआगपतर कैसे दे सकते हो तुम?

सन्तोष : त्यागपत्र।

कपूर : तिआगपतर।

सन्तोष : *(जोर देकर)* त्यागपत्र।

कपूर : *(जोर देकर)* तिआगपतर। तुम तिआगपतर दे दोगे, तो दूसरा सेक्रेटरी हमें कहाँ मिलेगा?

मनोरमा : हियर-हियर! सेक्रेटरी शर्मा जिन्दाबाद!

कपूर : सबकी तरफ से जिन्दाबाद!

शर्मा : श्याम भरोसे!

सन्तोष : सो रहा है वह।

शर्मा : *(ऊँचे स्वर में)* श्याम भरोसे!

श्याम भरोसे : सुन रहे हैं, साहब! बोलिए तो?

शर्मा : तुमसे मैंने क्या कहा था?

श्याम भरोसे : क्या कहा था?

शर्मा : बैठने को कहा था।

श्याम भरोसे : तो हम बैठे ही हैं, खड़े तो नहीं हैं।

शर्मा : लेकिन बैठे-बैठे ऊँघ रहे हो।

श्याम भरोसे : मानुस हैं, साहब। रबड़ के पुतरे नहीं हैं। आ गयी होगी ऊँघ। काम बताइए।

शर्मा : राम भरोसे चाय लाने गया है।

श्याम भरोसे : गया है। आपके सामने गया है।

शर्मा : मैं भी कह रहा हूँ, गया है। तुम उसके पीछे चले जाओ। बोलो, चाय एकदम जल्दी आनी चाहिए।

श्याम भरोसे : *(उठता हुआ)* बोल देते हैं पर आएगा तो पैरों से चलकर ही। हमारे जाने से उसके पंख तो उग नहीं आएँगे।

शर्मा : *(गुस्से से)* तो मत जाओ तुम। आने दो उसे, जब भी आता है।

श्याम भरोसे : *(बैठता हुआ)* नहीं जाते। वैसा हुकम हो, तो वैसा। ऐसा हुकम है, तो ऐसा।

कपूर : क्यों शर्मा, लो ग्रेड में ये लोग नहीं आते?

शर्मा : आते हैं।

कपूर : तो इन्हें भी मेम्बर नहीं होना चाहिए? लो ग्रेड वर्कर्ज वेलफेयर सोसाइटी जैसे हम लोगों की है, वैसे ही इन लोगों की भी है।

मनोरमा : है तो नहीं, पर होना चाहिए।

सन्तोष : तब राम भरोसे चेयरमैन हो जाएगा, श्याम भरोसे सेक्रेटरी।

कपूर : फिर चाय लाने कौन जाएगा? शर्मा?

शर्मा : तुम मेरा अपमान कर रहे हो।

कपूर : अगर अपमान हो गया हो तो मैं माफी माँग लेता हूँ। मैंने तो एक बात कही थी।

[राम भरोसे चाय और मूँगफली लिए हुए आता है।]

मनोरमा : लीजिए, चाय आ गई।

कपूर : गुरप्रीत जी, आप बनाइए चाय।

गुरप्रीत : मुझे सबके टेस्ट का पता नहीं है।

कपूर : आपको नहीं है पता? बनाइए, बनाइए।

सन्तोष : *(गुरप्रीत से)* सबसे छोटी तू ही है।

कपूर : सबसे छोटी और सबसे...।

मनोरमा : कह दीजिए, कह दीजिए।

कपूर : सॉरी, मेरा वह मतलब नहीं था।

[गुरप्रीत चाय बनाने लगती है। प्रेम प्रकाश, दीन दयाल बायीं तरफ से आते हैं।]

मनोरमा : क्या मौके पर आए हैं, आप लोग!

प्रेम प्रकाश : चाय और मूँगफली! किसने दावत की है!

मनोरमा : कपूर साहब ने।

प्रेम प्रकाश : किस खुशी में?

मनोरमा : आप लोगों के देर से आने की।

दीन दयाल : मैं एक प्याली ले सकता हूँ।

गुरप्रीत : *(पहली प्याली उसकी तरफ बढ़ाकर)* लीजिए।

दीन दयाल : *(प्याली लेकर)* थैंक्स!

गुरप्रीत : *(प्रेम प्रकाश से)* आप भी लेंगे?

प्रेम प्रकाश : क्यों नहीं?

गुरप्रीत : *(प्याली बढ़ाकर)* लीजिए। चीनी कम डाली है। अब तीसरी प्याली कौन लेगा?

मनोरमा : कपूर साहब, जिन्होंने चाय मँगवाई है।

कपूर : नहीं, नहीं, आप लीजिए।

मनोरमा : आप तकल्लुफ कर रहे हैं। ले लीजिए।

कपूर : तकल्लुफ तो आप कर रही हैं।

[मोहन दायीं तरफ से आता है।]

मोहन : मीटिंग शुरू नहीं हुई अभी? चाय चल रही है? यह एक्सट्रा प्याली किसके लिए रखी है? मैं ले सकता हूँ?

गुरप्रीत : क्यों नहीं?

[मोहन प्याली उठाकर पीने लगता है।]

मोहन : खूब गर्म चाय है। मेजबान कौन है? दीन दयाल जी, आप?

दीन दयाल : मैं भी तुम्हारी तरह मेहमान हूँ।

मोहन : तो प्रेम प्रकाश जी की तरफ से है चाय? *(प्रेम प्रकाश से)* धन्यवाद, बहुत-बहुत धन्यवाद!

प्रेम प्रकाश : मुझे धन्यवाद क्यों देते हो? मैं खुद मेहमान हूँ।

मोहन : हम तीनों मेहमान हैं? तो मेज़बान?

सन्तोष : पैसे कपूर साहब के खर्च हुए हैं।

मोहन : पैसे खर्च किए हैं, फिर भी खुद नहीं पी रहे? क्या बड़प्पन है!

सन्तोष : बड़प्पन तो अपने आप हो गया, जब...।

मोहन : किसी-किसी में होता है ऐसा बड़प्पन। हमारी पहचान के एक साहब और हैं ऐसे। शादी-शुदा हैं। वे अपनी पत्नी को खुद सैर करने नहीं ले जाते, दोस्तों को ले जाने देते हैं।

गुरप्रीत : प्लीज!

शर्मा : मुझे ऐसी बातचीत पर सख्त एतराज है। मैं चाहूँगा कि हम मीटिंग

का वातावरण गम्भीर रहने दें।

मोहन : मैं इसके बाद गम्भीर रहने की प्रतिज्ञा करता हूँ। थोड़ी मूँगफली तो ले सकता हूँ न?

शर्मा : तो अब कार्यवाही आरम्भ की जाए...?

[बाहर से एक ठहाका सुनाई देता है।]

मनोरमा : अभी और लोग आ रहे हैं।

मोहन : रमेश और सत्यपाल हैं। ऐसी वहशियाना हँसी और कोई हँस ही नहीं सकता।

कपूर : देखो, तुमने अभी प्रतिज्ञा की है कि...।

मोहन : सॉरी! मगर कोई भी कह दे, यह हँसी इनसानों की सी है?

[रमेश और सत्यपाल बायीं तरफ से आते हैं।]

रमेश : किसकी हँसी इनसानों की-सी नहीं है?

मोहन : मेरा मतलब आप ही की हँसी से था। लेकिन मैं अपने शब्द वापस लेता हूँ। आप मूँगफली खाइए।

सत्यपाल : यह जरा-सी मूँगफली आप किस-किस को खिलाएँगे?

रमेश : ले भी लो अब। शर्मा साहब, आप भी लीजिए।

शर्मा : *(एक दाना लेकर)* तो मीटिंग की कार्यवाही अब...।

रमेश : मनोरमा जी, आप परे क्यों खड़ी हैं? लीजिए न। कुल आठ-दस दाने बचे हैं।

मनोरमा : ये कपूर साहब को दे दीजिए वह बेचारे...!

रमेश : आप लीजिए, उन्हें भी देता हूँ। आप भी लीजिए, सन्तोष जी। गुरप्रीत जी, आप छिप क्यों रही हैं? लीजिए, कुल दो ही दाने बचे हैं। अरे, दो में से भी एक दाना छोड़ दिया? लीजिए, कपूर साहब।

कपूर : यह तुम ले लो।

रमेश : नहीं, आप ले लीजिए।

कपूर : नहीं, तुम्हीं ले लो।

रमेश : नहीं नहीं। आप ले लीजिए।

दीन दयाल : ऐसा भी क्या तकल्लुफ है? आप दोनों मत लीजिए। मैं ले लेता हूँ। थैंक्स!

[शर्मा मास्टर की कुर्सी के पास चला जाता है।]

शर्मा : दोस्तो!

कपूर : पहले सब लोग बैठ जाएँ।

मोहन : लेडीज फ्रंट। जेण्ट्स बैक।

रमेश : क्यों? एक-एक डेस्क पर एक-एक पेयर क्यों नहीं?

मोहन : लेडीज कम हैं, जेण्ट्स ज्यादा हैं।

रमेश : तो दो-दो डेस्क जोड़ लिए जाएँ जिससे...।

मोहन : मुझे कोई एतराज नहीं।

शर्मा : मुझे एतराज है। डेस्क इतने हैं कि एक-एक डेस्क पर एक-एक आदमी बैठ सकता है। जहाँ-जहाँ बैठना हो बैठ जाइए।

मोहन : इस सुझाव से कौन-कौन सहमत है।

मनोरमा : हम सब सहमत हैं।

मोहन : आप सब सहमत हैं, तब तो कुछ कहने को बचता ही नहीं।

[एक डेस्क पर बैठ जाता है। और लोग भी बिखरकर बैठ जाते हैं।]

शर्मा : मैं समझता हूँ, अब और किसी के आने की आशा नहीं करनी चाहिए। अध्यक्ष महोदय नहीं आए, इसलिए आज की मीटिंग की अध्यक्षता के लिए मैं कपूर साहब के नाम का प्रस्ताव करता हूँ।

सत्यपाल : मैं इसका समर्थन करता हूँ।

शर्मा : आइए, कपूर साहब।

[कपूर मास्टर की कुर्सी पर जा बैठता है। सब लोग ताली बजाते हैं।]

कपूर : *(गला साफ करके)* भाइयो और बहनो...!

मोहन : मेरा एक संशोधन है। बहनो पहले और भाइयो बाद में होना चाहिए।

शर्मा : क्या मैं अनुरोध कर सकता हूँ कि आप अब गम्भीर होकर बैठें?

मोहन : मैं बिलकुल गम्भीर होकर यह बात कह रहा हूँ।

शर्मा : आप बिलकुल गम्भीर होकर नहीं कह रहे।

रमेश : आप कैसे कह सकते हैं कि ये गम्भीर होकर नहीं कह रहे? सभ्य समाज में हमेशा लेडीज एंड जेण्टलमेन कहा जाता है, जेण्टलमेन एंड लेडीज नहीं।

शर्मा : अच्छा, अच्छा। मैं आपका संशोधन स्वीकार करता हूँ।

रमेश : आपका मतलब है, आप मिस्टर मोहन का संशोधन स्वीकार करते हैं।

शर्मा : मेरा मतलब है, मैं मिस्टर मोहन का संशोधन स्वीकार करता हूँ। बहनो और भाइयो...!

सत्यपाल : मैं एक बात कह सकता हूँ?

शर्मा : कहिए।

सत्यपाल : बहनो और भाइयो, यह एक झूठा स्टेटमेंट नहीं है?

दीन दयाल : बात करने का मुहावरा ऐसा है, यार।

सत्यपाल : लेकिन यह झूठा मुहावरा नहीं है? क्या शर्मा साहब कह सकते हैं कि जितनी महिलाएँ यहाँ बैठी हैं...!

प्रेम प्रकाश : आप पर्सनल बातें बीच में नहीं ला सकते।

सत्यपाल : मैं कोई पर्सनल बात बीच में नहीं ला रहा। मेरा मतलब सिर्फ इतना है कि हमें इस मुहावरे की जगह कोई दूसरा मुहावरा इस्तेमाल करना चाहिए जो कि लेडीज एंड जेण्टलमेन की तरह न्यूट्रल हो।

मोहन : लेडीज एंड जेण्टलमेन की तरह न्यूट्रल? ग्रामर ठीक है आपकी?

सत्यपाल : मैं मुहावरे की बात कर रहा हूँ।

प्रेम प्रकाश : वह मुहावरा भी न्यूट्रल किस तरह से है? किसी भी सभा में बैठी हुई सब लेडीज लेडीज नहीं होतीं?

गुरप्रीत : दिस इज टू मच।

मनोरमा : आप इनडायरेक्टली हमारा अपमान कर रहे हैं।

प्रेम प्रकाश : मैं सिर्फ इतना कह रहा हूँ कि बहनो और भाइयो, यह मुहावरा उतना ही सही है जितना लेडीज एंड जेण्टलमेन। इसलिए शर्मा साहब को आगे चलने दिया जाए।

कपूर : चलिए, शर्मा साहब।

शर्मा : *(फिर गला साफ करके)* आप सब जानते हैं कि लो ग्रेड वर्कर्ज वेलफेयर सोसाइटी की स्थापना किस उद्देश्य से की गई है। लगातार बढ़ती महँगाई के इस जमाने में हमारे जैसे सब लोग अपने लिए खान-पान के मामूली साधन जुटाने में भी असमर्थ हैं। इसलिए हम चाहते हैं कि हम अपने वर्ग के लोगों के वेलफेयर की ऐसी स्कीमें सरकार के सामने रखें, और उन्हें मनवाने के लिए जितना जोर सरकार पर डाल सकें, डालें जिससे कि...मेरा मतलब है, ऐसी स्कीमें जो कि...जैसे पिछली बार सरकार से ज्यादा-से-ज्यादा छोटे कर्जों की माँग की गई थी...।

दीन दयाल : उस माँग का अब तक हुआ भी है कुछ?

कपूर : यह सवाल बाद में उठाइएगा।

दीन दयाल : बाद में क्यों? अगर उसी बारे में अब तक कुछ नहीं हुआ...।

कपूर : क्यों शर्मा, हुआ है उस बारे में कुछ?

शर्मा : थोड़ा-बहुत हुआ है...या नहीं भी हुआ, तो होने की आशा की जा सकती है। फिलहाल हम अपने आज के एजेंडा को ध्यान में रखें।

मोहन : आज का एजेंडा क्या है?

शर्मा : मैं उसी पर आ रहा हूँ। आज हम सरकार के सामने यह ठोस सुझाव

रखना चाहते हैं कि...मेरा मतलब है कि आबादी बढ़ जाने से शहर बी ग्रेड से ए ग्रेड हो जाते हैं, लेकिन जहाँ तक हम लोगों का ताल्लुक है...कहना चाहिए कि लो ग्रेड वर्कर्ज की जिन्दगी लो ग्रेड से लोअर ग्रेड होती जाती है, इसलिए हमारे लिए जरूरी है कि...और हमें सिर्फ प्रस्ताव ही पास नहीं करना, उसके लिए, उसे मनवाने के लिए, पूरी कोशिश भी करनी है कि एक-डेढ़ साल के अन्दर...जैसे इतनी कॉलोनीज हैं, उसी तरह एक निम्न-स्तर गृह-निर्माण योजना के अन्तर्गत...।

कपूर : क्या? क्या?

शर्मा : निम्नस्तर गृह-निर्माण योजना...।

कपूर : इसका मतलब?

रमेश : घटिया किस्म के घर बनाने की स्कीम।

कपूर : *(अविश्वास के स्वर में)* नहीं-नहीं...।

सत्यपाल : घर बनाने की घटिया किस्म की स्कीम।

कपूर : नहीं-नहीं।

दीन दयाल : वह स्कीम, जिसके मातहत निचले दर्जे के घर बनाए जाएँ।

प्रेम प्रकाश : निचले दर्जे के घर तो सारे देश में हैं ही। उनके लिए सरकार को और स्कीम बनाने की क्या जरूरत है?

मनोरमा : ही मीन्स हाउसेज फार लो ग्रेड वर्कर्ज।

कपूर : आई सी, आई सी।

शर्मा : तो कहने का मतलब है कि ऐसी एक योजना हो जिससे...वह सरकारी योजना भी हो सकती है और छोटे कर्जों की योजना का हिस्सा भी...एक सुझाव था कि घर नीलाम किए जाएँ, लेकिन मैं उसके पक्ष में नहीं हूँ...क्योंकि नीलामी जो है, वह समाजवादी नीति नहीं है...उसमें बड़ा छोटे को निगल जाता है और छोटा...वैसे लाटरी भी डाली जा सकती है घरों की...पर योजना जो भी हो, ऐसी होनी चाहिए कि उसका लाभ हमारे सब सदस्यों को हो सके।

दीन दयाल,
प्रेम प्रकाश : हियर, हियर!

शर्मा : क्योंकि घर एक ऐसी चीज है जो हर आदमी की बुनियादी जरूरत है, उसकी सुख-शान्ति का आधार है। आदमी काम करता है कमाने के लिए। कमाता है आराम पाने के लिए। और सही माने में आराम वह तभी पा सकता है जब उसके पास अपना एक ऐसा घर हो जिसमें...सर्दी हो या गर्मी, दुख हो या सुख...एक ऐसी जगह जहाँ

...जहाँ...जहाँ पर वह...उन लोगों के साथ...उन लोगों के साथ जो कि उसका परिवार है...हम में से हरएक का अपना परिवार है... उस परिवार के साथ...वह आदमी...वह आदमी...।

[आँखें गुरप्रीत के चेहरे पर अटक जाती हैं, जिससे जबान और अटकने लगती है।]

: मैं हर परिवार की बात नहीं कहता...कई बार...कुछ परिवारों में...कुछ ऐसे परिवार भी होते हैं...जिनमें...जिनमें...वह भी होता है...मतलब कलह-क्लेश होता है...पर क्यों होता है? उस कलह-क्लेश के कारण ... उसके कारण...आदमी के लिए...किसी भी आदमी के लिए...घर की आवश्यकता...जो सुख-शान्ति वह चाहता है...उसकी आवश्यकता...एक अन्दरूनी आवश्यकता...जैसे आज ही समाचार था...कि एक आदमी ने...अपने पूरे परिवार के साथ...पूरे परिवार को उसने जहर दे दिया...और उसके साथ...उसके बाद...स्वयं भी आत्महत्या करने का प्रयत्न किया है...।

रमेश, सत्यपाल : हियर, हियर!

कपूर : *(डस्टर से मेज ठोंकता हुआ)* आर्डर-आर्डर!

शर्मा : जानने की बात यह है...कि ऐसा जब भी होता है...जब भी ऐसा होता है...तो उसके मूल में...यदि उसके मूल कारणों की खोज की जाए तो...तो पता चलेगा कि...कहीं न कहीं...अवश्य कहीं न कहीं ...और यह बात किसी के लिए भी सच हो सकती है...कि कहीं न कहीं...कुछ न कुछ ऐसा है कि...हो सकता है कि मैं अपने विषय से थोड़ा भटक गया हूँ...परन्तु यह इसलिए है कि...यदि हम सोचना चाहें, तो पता चल सकता है कि...वह कुछ-न-कुछ क्या है।

[जेब से रूमाल निकालकर माथे का पसीना पोंछता है।]

दीन दयाल : शर्मा, पानी पी लो थोड़ा। राम भरोसे, शर्मा को एक गिलास पानी देना।

शर्मा : मुझे पानी नहीं चाहिए।

दीन दयाल : थोड़ा पी लो, तरावट आ जाएगी।

शर्मा : नहीं, नहीं। *(राम भरोसे की तरफ)* पानी नहीं चाहिए।

प्रेम प्रकाश : चाय मँगवा लो।

शर्मा : नहीं, चाय भी नहीं चाहिए। मैं जो बात आपके सामने रख रहा हूँ...।

कपूर : सीधे आज का परस्ताव ही क्यों नहीं पढ़ देते? जो बात है, वह सब लोग जानते हैं।

रमेश : बोल लेने दीजिए उन्हें। अगली मीटिंग जाने कब होगी।

सत्यपाल : शर्मा साहब, सीधे उस बात पर आ जाइए...जब से इन्दिरा सरकार बनी है, तब से...।

रमेश : बल्कि उससे भी आगे से शुरू कीजिए....जब से आपने सेक्रेटरी पद सँभाला है, तब से...।

कपूर : आर्डर-आर्डर। शर्मा, तुम परस्ताव पढ़ दो अब।

सन्तोष : क्षमा कीजिए, परस्ताव नहीं, प्रस्ताव।

कपूर : परस्ताव।

सन्तोष : *(जोर देकर)* प्रस्ताव।

कपूर : *(जोर देकर)* परस्ताव।

दीन दयाल : पी ए आर ए एस नहीं, पी आर ए एस...प्रस्ताव।

कपूर : जो भी हो वह रेजोल्यूशन की हिन्दी। वह पढ़ दो तुम।

शर्मा : तो मैं आपका अधिक समय न लेकर आपके सामने प्रस्ताव पेश कर रहा हूँ।

[अपनी फाइल खोलता है। फिर उसे आगे-पीछे पलटने लगता है।]

: प्रस्ताव है...प्रस्ताव था...।

रमेश : था, मतलब खो गया कहीं?

शर्मा : नहीं, इसी फाइल में है...मतलब इसी फाइल में था...अभी सुबह मैंने ड्राफ्ट बनाया था...।

सत्यपाल : किसी और फाइल में तो नहीं है?

शर्मा : और किस फाइल में हो सकता है?

सत्यपाल : गुरप्रीत जी की फाइल में देख लीजिए। उसमें हो शायद।

शर्मा : *(सख्त पड़कर)* उनके पास कोई फाइल नहीं है।

सत्यपाल : तो हो सकता है, उनके बटुवे में हो।

गुरप्रीत : *(सख्त पड़कर)* इनका प्रस्ताव मेरे बटुवे में? आप कहना क्या चाहते हैं?

सत्यपाल : नाराज होने की बात नहीं। क्योंकि प्रस्ताव खो गया है, इसलिए मैंने सोचा कि हो सकता है इधर-उधर पड़ा देखकर आपने अपने बटुवे में सँभाल लिया हो।

गुरप्रीत : *(उसी तरह सख्त)* मेरे बटुवे में ऐसी फालतू चीजों के लिए जगह नहीं है।

रमेश : क्या कहा आपने? फालतू या पालतू?

गुरप्रीत : *(और भी सख्त)* रमेश चोपड़ा?

रमेश : प्रेजेंट मिस!

कपूर : आर्डर-आर्डर!

दीन दयाल : शर्मा, फाइल में नहीं है, तो कहीं न कहीं तो होगा ही। एक बार पतलून की जेब में देख लो।

शर्मा : पतलून की जेब में कैसे हो सकता है? *(दोनों जेबें टटोलता है)* घर से चलते समय मैंने फाइल में रखा था। *(जेबों का सामान निकालकर)* पतलून में सिर्फ रूमाल है और तीस पैसे हैं...।

सत्यपाल : सिर्फ तीस पैसे? ह्वाट पिटी!

प्रेम प्रकाश : पतलून में नहीं है, तो कोट की जेबों में देख लो।

दीन दयाल : कोट की जेबें सिली हुई हैं। आज ही ड्राइक्लीन होकर आया लगता है।

प्रेम प्रकाश : तो, अन्दर कमीज की जेब में हो शायद?

शर्मा : कमीज में जेब नहीं है। मैं जेब वाली कमीज नहीं पहनता।

प्रेम प्रकाश : फिर तो एक ही बात हो सकती है। भागकर घर पर देख आओ। शायद बच्चों ने निकाल लिया हो।

दीन दयाल : बच्चों को प्रस्ताव का क्या करना है?

प्रेम प्रकाश : खेल रहे होंगे।

सत्यपाल : या वहाँ मोहल्ले में पेश कर रहे होंगे। हो सकता है, अब तक उन्होंने पास भी कर दिया हो।

कपूर : आर्डर-आर्डर...मेरा खयाल है शर्मा, तुम जल्दी से नया ड्राफ्ट बना लो।

शर्मा : नया ड्राफ्ट? नया ड्राफ्ट बन सकता है, लेकिन...।

रमेश : उसके लिए इन्हें किताब चाहिए वह...वन हंड्रेड ड्राफ्ट रेज़ोल्यूशंज।

शर्मा : मैं किताब देखकर ड्राफ्ट नहीं बनाता।

सत्यपाल : ठीक बात है। वरना स्पेलिंग की इतनी गलतियाँ नहीं हो सकतीं।

कपूर : तुम साथ के कमरे में चले जाओ, शर्मा!

शर्मा : *(चुनौती स्वीकारने के स्वर में)* ठीक है। मैं अभी नया ड्राफ्ट बनाकर लाता हूँ।

[फाइल समेटकर दायीं तरफ के दरवाजे से चला जाता है। राम भरोसे आँख उठाकर उसे जाते देखता है, फिर सिर हिलाता है।]

कपूर : *(जम्हाई रोककर)* उतनी देर अब क्या करना चाहिए?

दीन दयाल : आप बताएँ।

कपूर : आप लोग बताइए।

दीन दयाल : जो चेयरमैन की रूलिंग हों।

कपूर : मैं काहे का चेयरमैन हूँ? चेयरमैन तो आज आया ही नहीं।

रमेश : आप अपना वह भाषण दे दीजिए...असूल कहता है कि...।

कपूर : नहीं-नहीं, बहुत हो चुका वह। बोर हो गए।

रमेश : आप भी बोर हो गए?

कपूर : मुझे खुद भी तो सुनना पड़ता है।

दीन दयाल : तो मनोरमा जी से कहा जाए, ये गीत सुना दें।

प्रेम प्रकाश : ये तो मीटिंग के अन्त में सुनाती हैं।

दीन दयाल : हाँ हाँ...आज पहले सुना दें।

प्रेम प्रकाश : *(दबे स्वर में)* पहले मोहन से कविताएँ सुन ली जाएँ।

दीन दयाल : मैं कहता हूँ, पहले गीत हो जाने दो।

प्रेम प्रकाश : मैं कहता हूँ, पहले कविताएँ हो जाने दो।

दीन दयाल : गीत में देर कम लगती है।

प्रेम प्रकाश : इसीलिए तो कह रहा हूँ। बाद में कविताओं में बहुत देर लग जाती है। *(ऊँचे स्वर में)* मेरा प्रस्ताव है कि मनोरमा जी गीत सुनाएँ।

रमेश : मैं इसका समर्थन करता हूँ।

दीन दयाल : मेरा प्रस्ताव है कि मोहन अपनी कविताएँ सुनाएँ।

सत्यपाल : मैं इसका समर्थन करता हूँ।

सन्तोष : मेरा प्रस्ताव है कि सत्यपाल सब सदस्यों की नकलें सुनाएँ।

रमेश : मैं इसका भी समर्थन करता हूँ।

कपूर : और मेरा प्रस्ताव है कि गुरप्रीत जी जिस प्रस्ताव का समर्थन करें, वह प्रस्ताव मान लिया जाए।

दीन दयाल : इसका समर्थन कौन करता है?

कपूर : मैं खुद ही समर्थन भी करता हूँ।

प्रेम प्रकाश : आप खुद अपने प्रस्ताव का समर्थन नहीं कर सकते, इसलिए आपका प्रस्ताव कैंसिल हुआ।

सत्यपाल : रमेश ने एक साथ दो-दो प्रस्तावों का समर्थन किया है, इसलिए वे दोनों प्रस्ताव भी कैंसिल हुए। अब सिर्फ दीन दयाल जी का प्रस्ताव रह जाता है कि मोहन अपनी कविताएँ सुनाएँ। *(मोहन की तरफ देखकर)* मोहन! अरे, इसे क्या हुआ है?

[सब लोग देखते हैं कि मोहन आँखें मूँदकर डेस्क की पीठ से टेक लगाए है।]

: मोहन!

[मोहन हड़बड़ाकर आँखें खोलता है।]

मोहन : क्या बात है?

सत्यपाल : उठ जाओ, तुम्हें कविताएँ सुनानी हैं।

मोहन : प्रस्ताव पास हो गया?

सत्यपाल : वह साथ के कमरे में ड्राफ्ट हो रहा है।

मोहन : कौन ड्राफ्ट कर रहा है?

सत्यपाल : शर्मा।

मोहन : तब ड्राफ्ट हो जाने दो। हो जाए, तो जगा देना।

सत्यपाल : पर इस बीच दूसरा प्रस्ताव पास हो गया है।

मोहन : क्या?

सत्यपाल : कि तब तक तुमसे तुम्हारी कविताएँ...।

[शर्मा दायीं तरफ से आता है।]

शर्मा : मिल गया।

कपूर : वही ड्राफ्ट जो खो गया था?

शर्मा : हाँ...बाहर कूड़े में था।

कपूर : कूड़े में?

शर्मा : आते हुए गिर गया होगा। जमादार ने झाड़ू से कूड़े में डाल दिया था।

कपूर : अच्छा है, मिल गया। वक्त की बचत हो गई। अब तुम जल्दी से इसे पढ़ दो।

[शर्मा पहले वाली जगह पर उसी मुद्रा में खड़ा हो जाता है।]

शर्मा : *(गला साफ करके)* प्रस्ताव की रूपरेखा इस प्रकार है...*(कागज देखता है)* हम, लो ग्रेड वर्कर्ज वेलफेयर सोसाइटी के सब सदस्य...।

सन्तोष : मुझे आपत्ति है। जब प्रस्ताव हिन्दी में है, तो संस्था का नाम भी हिन्दी में होना चाहिए।

दीन दयाल : मुझे भी आपत्ति है। जब सब सदस्य यहाँ उपस्थित नहीं हैं, तो प्रस्ताव में सब सदस्यों का उल्लेख कैसे किया जा सकता है?

रमेश : मैं पहली आपत्ति का समर्थन करता हूँ।

सत्यपाल : मैं दूसरी आपत्ति का समर्थन करता हूँ।

कपूर : आप पहले पूरा ड्राफ्ट सुन लें। उसके बाद जो संशोदन करना हो, करें।

सन्तोष : संशोदन नहीं, संशोधन।

कपूर : संशोदन।

सन्तोष : धन धन धन...संशोधन।

कपूर : धन धन धन...संशोदन।

सन्तोष : सं...शो...धन।

कपूर : सं...शो...दन।

दीन दयाल : डी ए एन् नहीं, डी एच् ए एन्।

कपूर : आप पहले पूरा ड्राफ्ट सुन लें। उसके बाद जो एमेंडमेंट करना हो, करें।

सन्तोष : परन्तु हिन्दी के प्रस्ताव में संस्था का नाम अंग्रेजी में हो, यह राष्ट्रभाषा का अपमान है। आप इनसे कहिए, पहले नाम हिन्दी में कर दें।

कपूर : क्यों शर्मा, लो ग्रेड वर्कर्ज वेलफेयर सोसाइटी की हिन्दी क्या है?

प्रेम प्रकाश : निचला दर्जा कामगार हितकारी सभा।

शर्मा : यह गलत है। इसकी असली हिन्दी है निम्नस्तर कर्मचारी कल्याण समाज।

प्रेम प्रकाश : यह भी गलत है।

शर्मा : यह कैसे गलत है।

प्रेम प्रकाश : मेरे वाली हिन्दी कैसे गलत है?

शर्मा : वह पुरानी हिन्दी है, इसलिए गलत है।

प्रेम प्रकाश : यह मुश्किल हिन्दी है, इसलिए गलत है।

शर्मा : आप हिन्दी जानते हैं?

प्रेम प्रकाश : आप अंग्रेजी जानते हैं?

शर्मा : आप लड़ना चाहते हैं?

प्रेम प्रकाश : जी नहीं...आप...।

कपूर : दोस्तो, वक्त बहुत हो रहा है। काम जल्दी होने दीजिए, जल्दी करो, शर्मा!

शर्मा : मैं आपकी दोनों आपत्तियाँ स्वीकार कर रहा हूँ। *(संशोधन करके)* तो अब प्रस्ताव इस प्रकार है... *(कागज देखता है)* हम, निम्नस्तर-कर्मचारी-कल्याण समाज के सब उपस्थित सदस्य...।

दीन दयाल : यह कैसे कहा जा सकता है कि प्रस्ताव सर्व-सम्मति से पास होगा? इसलिए सब उपस्थित सदस्यों का उल्लेख भी नहीं किया जा सकता।

शर्मा : तो आप चाहते हैं, मैं प्रस्ताव पेश न करूँ?

दीन दयाल : मैंने यह कहा है? मैंने तो कहा है, शब्द 'सब' बीच में नहीं होना चाहिए।

शर्मा : मैं जब तक प्रस्ताव पूरा नहीं पढ़ लेता, तब तक इसमें कोई संशोधन नहीं करूँगा।

रमेश : यह आप कैसे कह सकते हैं? अभी-अभी आपने दो संशोधन

स्वीकार किए हैं।

सत्यपाल : और जब दो-दो संशोधन स्वीकार कर सकते हैं, तो तीसरा क्यों नहीं कर सकते?

कपूर : घड़ी पर नजर रखकर चलो, शर्मा!

शर्मा : तो लीजिए, मैं तीसरा संशोधन भी स्वीकार कर लेता हूँ। *(कागज देखता है)* हम निम्नस्तर-कर्मचारी-कल्याण समाज के उपस्थित सदस्य बहुत तीव्रता से यह अनुभव करते हैं कि सामाजिक पुनर्निर्माण की सरकारी नीतियों में हमारे हितों का ठीक से संरक्षण नहीं हो पा रहा है। पंचवर्षीय योजनाओं के अन्तर्गत देश के बदलते आर्थिक ढाँचे में निम्नस्तर कर्मचारियों के लिए समुचित निम्नस्तर आवास-व्यवस्था सरकार का एक प्रमुख उत्तरदायित्व है। इस उत्तरदायित्व के निर्वाह की...निर्वाह की...एक शब्द मिट गया है ...क्या शब्द है? ...निर्वाह की...।

कपूर : मिट कैसे गया?

शर्मा : पता नहीं कैसे...।

रमेश : जमादार की झाड़ से मिट गया होगा।

शर्मा : निर्वाह की...निर्वाह की...किस उससे?

सन्तोष : दृष्टि से?

शर्मा : हाँ, हाँ...दृष्टि से सरकार को चाहिए कि शीघ्र से शीघ्र एक निम्नस्तर-गृह-निर्माण योजना बनाकर सब ऐसे कर्मचारियों को, जिनकी कि सेवा पाँच साल से अधिक की है, छोटी-छोटी किस्तों पर एक-एक घर उप उप उप...।

दीन दयाल : एक और शब्द मिट गया?

शर्मा : पूरा नहीं मिटा। घर उप उप उप...।

दीन दयाल : उपद्रव?

शर्मा : उपद्रव कराने का बीड़ा...नहीं, यह नहीं हो सकता।

सन्तोष : उपलब्ध?

शर्मा : हाँ हाँ...उपलब्ध कराने का बीड़ा उठाए।

कपूर : इतना ही है या और भी है?

शर्मा : है तो और भी, पर वह छोड़ा जा सकता है।

कपूर : जो छोड़ा जा सकता है, उसे छोड़ दो। तो सज्जनो, अब इसका समर्थन कौन करता है?

रमेश : समर्थन का क्या है, मैं समर्थन कर देता हूँ। *(मास्टर की कुर्सी के पास आकर)* मैं इस प्रस्ताव का समर्थन करता हूँ।

[लौटकर अपनी जगह चला जाता है।]

मोहन : *(बैठे-बैठे)* मैं इस प्रस्ताव का विरोध करता हूँ।

[सब लोग घूम कर उसकी तरफ देखते हैं।]

कपूर : इसका मतलब है, अभी और वक्त लगेगा।

प्रेम प्रकाश : तुम्हारी नींद कब खुली!

दीन दयाल : तुमने प्रस्ताव सुना भी है?

मोहन : सब सुना है, इसीलिए विरोध कर रहा हूँ।

दीन दयाल : प्रस्ताव में कहा क्या गया है?

मोहन : क्या कहा गया है?

दीन दयाल : तुम बताओ।

मोहन : आप बताइए।

दीन दयाल : कपूर साहब, आप बताइए इसे।

कपूर : मैं? मुझे तो हिन्दी समझ ही नहीं आती।

सन्तोष : प्रस्ताव अपने में बिलकुल स्पष्ट है।

मोहन : क्या स्पष्ट है?

सन्तोष : क्या स्पष्ट नहीं है।

मोहन : बहुत कुछ स्पष्ट नहीं है।

सन्तोष : जैसे?

मोहन : जैसे...।

कपूर : तुम्हें ज्यादा कुछ कहना है।

मोहन : बहुत कुछ कहना है।

कपूर : तो यहाँ शर्मा की जगह पर आ जाओ।

[शर्मा अनमने भाव से नीचे उतर जाता है। मोहन उसकी जगह पर आ खड़ा होता है।]

मोहन : प्रस्ताव में तीन जगह एक शब्द आया है...निम्नस्तर। इसका अर्थ है, चूँकि आज हम निम्नस्तर के कर्मचारी हैं, इसलिए जीवन भर हमें निम्नस्तर के ही बने रहना है। हमारे लिए आवास-व्यवस्था हो, तो कैसी? निम्नस्तर की। हमारे लिए घर बनाए जाएँ, तो कैसे? निम्नस्तर के। इसके बाद शायद हम लोग यह माँग करें कि हमारे निम्नस्तर बच्चों के लिए निम्नस्तर बाल-संरक्षण व्यवस्था के अन्तर्गत निम्नस्तर पालन की एक योजना बनाई जाए जिससे हर ऐसे बच्चे को, जिसकी कि उम्र पाँच साल से अधिक की है, कम-से-कम आधा पाव दूध उपलब्ध हो सके।

रमेश : हियर-हियर!

कपूर : आपने प्रस्ताव का समर्थन किया है और उसके विरोध में भी हियर-हियर कर रहे हैं?

रमेश : *(पहले की तरह उठकर और मास्टर की कुर्सी के पास आकर)* मैं अपना समर्थन वापस लेता हूँ।

[वापस जा बैठता है।]

शर्मा : आप अपना समर्थन वापस कैसे ले सकते हैं? समर्थन कभी वापस नहीं लिया जाता।

रमेश : क्यों नहीं लिया जाता?

सत्यपाल : जब प्रस्ताव वापस लिया जा सकता है, तो समर्थन भी वापस लिया जा सकता है।

रमेश : मुझे विश्वास हो गया है कि आपका प्रस्ताव गलत है। इसलिए मैंने अपना समर्थन वापस ले लिया है।

कपूर : *(मोहन से)* तुम्हें और भी कुछ कहना है अभी?

मोहन : बहुत कुछ कहना है।

कपूर : *(घड़ी देखकर उठता हुआ)* तो मैं आप लोगों से इजाजत चाहूँगा। मुझे एक जगह पहुँचना है जरूरी...।

शर्मा : *(आगे आकर)* नहीं-नहीं, कपूर साहब!

कपूर : भई, देखो, शर्मा...!

शर्मा : नहीं-नहीं, कपूर साहब!

कपूर : भई, ऐसा है कि...।

शर्मा : *(कपूर को बाँह से पकड़कर कुर्सी पर बिठाता है)* नहीं-नहीं, आप नहीं जा सकते।

कपूर : *(मिन्नत और शिकायत के स्वर में)* भई, मेरा बहुत जरूरी है जाना।

शर्मा : प्रस्ताव उससे ज्यादा जरूरी है।

कपूर : उससे ज्यादा जरूरी नहीं है।

शर्मा : उससे ज्यादा जरूरी है।

कपूर : नहीं है।

शर्मा : है।

कपूर : नहीं है।

शर्मा : है।

कपूर : तुम किसी और को बना लो चेयरमैन थोड़ी देर के लिए।

शर्मा : आप रुख देख ही रहे हैं। आपके बगैर यह प्रस्ताव पास नहीं हो सकता।

कपूर : क्यों नहीं हो सकता?

शर्मा : नहीं हो सकता।

कपूर : क्यों नहीं हो सकता।

शर्मा : नहीं हो सकता।

कपूर : जहाँ मुझे पहुँचना है, वहीं बल्कि मनोरमा जी को भी पहुँचना है। पूछ लो इनसे।

[फिर से उठने की चेष्टा करता है।]

शर्मा : *(फिर से उसे बिठा कर)* तब तो आप हरगिज नहीं जा सकते। मनोरमा जी का वोट बहुत इम्पोर्टेंट है।

कपूर : *(असहाय भाव से मनोरमा को देखता हुआ)* आप क्या कहती हैं?

मनोरमा : *(उससे आँखें बचाती है)* मैं कुछ नहीं कहती।

कपूर : सात बज गया है।

मनोरमा : मुझे आठ से पहले घर पहुँच जाना है।

कपूर : *(फिर से उठता है)* इसलिए, शर्मा...!

शर्मा : *(फिर से बिठाता है)* नहीं-नहीं, कपूर साहब!

मनोरमा : मैं यहाँ से सीधी घर जाऊँगी।

कपूर : सीधी घर जाएँगी!

मनोरमा : सीधी घर जाऊँगी।

कपूर : तो वह जहाँ चलना था?

मनोरमा : मैं नहीं चल सकूँगी।

कपूर : क्या कह रही हैं?

मनोरमा : मैं नहीं चल सकूँगी। आठ से पहले मेरा घर पहुँचना जरूरी है। बच्चों को खाना खिलाना है।

कपूर : वह तो साढ़े आठ भी खिलाया जा सकता है।

मनोरमा : आठ तक वे भी लौट आएँगे।

कपूर : *(निढाल होकर)* तब तो...तब तो...खैर, ठीक है शर्मा! तुम प्रस्ताव पास करा लो अपना। *(मोहन से)* बोलिए आप।

शर्मा : *(मोहन से)* बोलिए आप।

मोहन : सबसे पहले मैं आपका ध्यान इस चीज की ओर दिलाना चाहता हूँ कि हमारे अन्दर यह निम्नस्तर की वृत्ति क्या है, क्यों है।

शर्मा : विषय से बाहर मत जाइए।

मोहन : आप बीच में मत टोकिए। यह निम्नस्तर की वृत्ति एक संक्रामक रोग की तरह है, जिसके कीटाणु...।

कपूर : जिसके क्या?

मोहन : कीटाणु...जर्म्स...हमारी नस-नस में फैल जाते हैं और रात-दिन

दुगने, चौगुने, दसगुने, सौगुने होते जाते हैं। इनसे आदमी की महत्त्वाकांक्षा मर जाती है, कार्यशक्ति जवाब दे जाती है, किसी भी चीज को लेकर 'न' कह सकने का साहस उसमें नहीं रह जाता। वह केवल दूसरों का मुँह ताकने और हाँ-हाँ करने की एक मशीन में बदल जाता है जिसका सारा ध्यान निम्नस्तर की कुछ आवश्यकताओं को छोड़कर और किसी चीज पर नहीं टिक पाता। परिणाम होता है कुछ निम्नस्तर की माँगें, कुछ निम्नस्तर के प्रस्ताव...।

रमेश, सत्यपाल : *(डेस्क थपकते हैं)* हियर-हियर!

शर्मा : यह मुझे गाली है।

मोहन : यह गाली नहीं है।

शर्मा : गाली है।

मोहन : गाली नहीं है।

शर्मा : है।

मोहन : नहीं है।

दीन दयाल : मिस्टर चेयरमैन, आप फैसला कीजिए, यह गाली है या नहीं है।

कपूर : यहाँ हिन्दी-से-हिन्दी की डिक्शनरी मिल सकती है?

प्रेम प्रकाश : डिक्शनरी की क्या जरूरत है? सन्तोष जी यहाँ हैं।

कपूर : क्यों, सन्तोष जी...?

सन्तोष : निम्नस्तर के दो अर्थ हैं। एक न्यून स्तर। दूसरा हीन स्तर।

कपूर : उन दोनों के क्या अर्थ हैं?

सन्तोष : न्यून स्तर के भी दो अर्थ हैं।

कपूर : माफ कीजिए, जितने भी अर्थ हैं, उनमें कोई गाली तो नहीं है?

सन्तोष : गाली हो भी सकती है, नहीं भी हो सकती। यह शब्द का प्रयोग करनेवाले की भावना पर है।

कपूर : मिस्टर मोहन, आपकी भावना गाली देने की थी?

मोहन : बिलकुल नहीं।

कपूर : तो आगे चलिए। *(शर्मा से)* इन्होंने गाली नहीं दी।

शर्मा : इन्होंने मेरे प्रस्ताव को निम्न स्तर का कहा है।

कपूर : यार, यही लफ्ज तुमने भी तीन बार इस्तेमाल किया है। अब आगे चलने दो। *(मोहन से)* चलिए।

मोहन : यह निम्नस्तर की वृत्ति हमारे अन्दर इस तरह घर कर गई है कि हमारी जीवन-सम्बन्धी धारणा ही निम्नस्तर की होकर रह गई है। हम हँसते हैं, तो वह हँसी निम्न स्तर की होती है। प्रेम करते हैं,

तो वह प्रेम निम्नस्तर का होता है...।

मनोरमा : आप किस विषय में बोल रहे हैं? प्रस्ताव से इन बातों का कोई सम्बन्ध नहीं है।

मोहन : सम्बन्ध है।

मनोरमा : नहीं है।

मोहन : है।

गुरप्रीत : *(उठती हुई)* भई, मैं जा रही हूँ। आप लोग प्रस्ताव पास करते रहिए।

मनोरमा : *(उठती हुई)* मैं भी चल रही हूँ। यहाँ मीटिंग नहीं होती, बस यही सब होता है।

शर्मा : *(हताश भाव से)* रुकिए, रुकिए आप लोग।

कपूर : *(खड़ा होकर)* जाइए नहीं, मैं दस मिनट में मीटिंग खत्म कर रहा हूँ।

[वे दोनों दायीं तरफ से निकल जाती हैं।]

शर्मा : सुनिए, मनोरमा जी...!

कपूर : ठहरिए, गुरप्रीत जी...!

[कुर्सी छोड़कर उन दोनों के पीछे जाने लगता है, पर शर्मा उसे बाँह से पकड़कर रोक लेता है।]

शर्मा : कम से कम आप तो मत जाइए।

कपूर : लेकिन, शर्मा...!

शर्मा : *(उसे कुर्सी पर बिठाता है)* अब साथ ही चलेंगे थोड़ी देर में।

कपूर : *(निढाल होकर मोहन से)* आपको और भी कुछ कहना है अभी?

मोहन : केवल इतना कहना है कि इस निम्नस्तर की वृत्ति से छुटकारा पाने के लिए हमें प्रस्ताव यह पास करना चाहिए कि आज से हम कहीं भी, किसी भी रूप में अपने साथ इस शब्द का प्रयोग नहीं करेंगे। इसलिए सबसे पहले हम अपनी संस्था का नाम बदलकर...।

शर्मा : जब तक पहले प्रस्ताव पर विचार नहीं हो जाता, तब तक आप दूसरा प्रस्ताव पेश नहीं कर सकते।

मोहन : यह दूसरा प्रस्ताव नहीं है।

शर्मा : बिलकुल दूसरा प्रस्ताव है।

मोहन : नहीं है।

कपूर : *(मेज पर मुक्का मारता है)* है-है-है! मैं आपको अब और बोलने की इजाजत नहीं दे सकता। आप अपनी जगह पर लौट जाइए।

मोहन : लेकिन, अध्यक्ष महोदय...!

कपूर : आप अपनी जगह पर लौट जाइए। मैं अब शर्मा के प्रस्ताव पर वोट लूँगा।

रमेश : आप वोट नहीं ले सकते। क्योंकि और लोगों को भी प्रस्ताव पर बोलना है।

कपूर : अब उसके लिए वक्त नहीं है।

सत्यपाल : पर वक्त क्यों नहीं है?

कपूर : क्योंकि नहीं है।

सत्यपाल : पर क्यों नहीं है?

कपूर : आप एक लाइन में कहिए, आपको क्या कहना है।

सत्यपाल : मैं एक लाइन में नहीं कह सकता।

कपूर : तो मत कहिए।

मोहन : लेकिन, अध्यक्ष महोदय...।

कपूर : *(गुस्से से)* आपसे कहा है, आप लौट जाइए अपनी जगह पर।

मोहन : आप मेरा अपमान कर रहे हैं।

कपूर : आप चेयर का अपमान कर रहे हैं।

मोहन : आपको इस तरह बोलने का कोई अधिकार नहीं है।

कपूर : आपको इस तरह खड़े रहने का कोई अधिकार नहीं है। जो लोग प्रस्ताव के हक में हैं, वे लोग अपने हाथ...।

मोहन : आप प्रस्ताव पर वोट नहीं ले सकते। पहले आप अपने व्यवहार के लिए क्षमा माँगें।

कपूर : मुझे किसी से क्षमा नहीं माँगनी है। जो लोग हक में हैं...।

सत्यपाल : आप वोट नहीं ले सकते, क्योंकि अभी तक प्रस्ताव का समर्थन नहीं हुआ।

शर्मा : समर्थन हो चुका है।

रमेश : नहीं हुआ। मैंने अपना समर्थन वापस ले लिया है।

कपूर : दीन दयाल जी, आप समर्थन कर दें।

दीन दयाल : मैं समर्थन करता हूँ।

सत्यपाल : आप फिर भी वोट नहीं ले सकते, क्योंकि मुझे अभी प्रस्ताव के बारे में अपने विचार सामने रखने हैं।

शर्मा : आप अपने विचार सामने नहीं रख सकते, क्योंकि आप इस समय सदस्य नहीं हैं। आपका चन्दा अभी तक नहीं आया है।

रमेश : जिस दिन आप सेक्रेटरी चुने गए थे, उस दिन आपका भी चन्दा नहीं आया था, और आप सदस्य नहीं थे। जो सदस्य न हो, वह सेक्रेटरी कैसे बन सकता है? मैं सेक्रेटरी के चुनाव को चैलेंज

करता हूँ।

सत्यपाल : बल्कि जिस दिन यह संस्था बनी थी और पदाधिकारियों का चुनाव किया गया था, उस दिन किसी का भी चन्दा नहीं आया था और कोई भी सदस्य नहीं था। इसलिए मैं इस संस्था के पूरे चुनाव को चैलेंज करता हूँ।

रमेश : और क्योंकि तब के चुने हुए पदाधिकारी इस संस्था को चला रहे हैं, इसलिए मैं इस संस्था को चैलेंज करता हूँ।

कपूर : *(डस्टर से मेज को ठोंकता हुआ)* आर्डर-आर्डर-आर्डर! मैंने वोटिंग के लिए कह दिया है। जिन लोगों को एतराज है, वे चाहें तो वाक-आउट कर सकते हैं।

रमेश : हम वाक-आउट नहीं करेंगे।

सन्तोष : *(उठती हुई)* आप लोग कार्यवाही जारी रखिए। मुझे जाने की अनुमति चाहिए।

मोहन : *(नीचे आकर)* ठहरिए, सन्तोष जी। मुझे भी उधर ही जाना है।

सन्तोष : *(बाहर निकलती)* आप अपना देख लीजिए। मैं अब और नहीं रुकूँगी।

[पल-भर की खामोशी। मोहन अनिश्चित भाव से सबकी तरफ देखता है।]

मोहन : *(आकस्मिक ढंग से)* मैं वाक-आउट कर रहा हूँ।

[जल्दी से सन्तोष के पीछे निकल जाता है। उसके बाद भी पल-भर खामोशी रहती है।]

कपूर : *(अपने को सहेज कर)* तो अब...।

शर्मा : *(पस्त भाव से)* अब कुछ नहीं हो सकता।

कपूर : क्यों?

शर्मा : क्योंकि कोरम पूरा नहीं है।

कपूर : लेडीज एंड जेण्टलमैन...!

प्रेम प्रकाश : माफ कीजिए, लेडीज सब चली गई हैं, सिर्फ जेण्टलमैन बाकी हैं।

कपूर : तो...तो जेण्टलमैन, मुझे अफसोस है कि कोरम पूरा न होने से मीटिंग अब जारी नहीं रह सकती। मैं मीटिंग बरखास्त करता हूँ।

[खलबली-सी मच जाती है। रमेश और सत्यपाल डेस्कों पर हाथ मारते हुए 'शेम-शेम' के नारे लगाते हैं। पहले कपूर और शर्मा, फिर प्रेम प्रकाश और दीन दयाल कमरे से चले जाते हैं। रमेश और सत्यपाल को जरा बाद में ध्यान आता है कि वे खाली कमरे में 'शेम-शेम' कर रहे हैं। वे दोनों अचानक हाथ रोककर

एक-दूसरे की तरफ देखते हैं, ठहाका लगाते हैं और बाहर चले जाते हैं।

श्याम भरोसे ऊँघ रहा है। राम भरोसे उसे हिलाता है।]

राम भरोसे : उठ भइया, श्याम भरोसे! तमाशा खत्म हुआ।

श्याम भरोसे : *(जाग कर)* बाबू लोग चले गए?

राम भरोसे : चले गए।

श्याम भरोसे : क्या-क्या पास कर गए?

राम भरोसे : पास कर गए कि राम भरोसे, राम भरोसे के घर में रहेगा; श्याम भरोसे, श्याम भरोसे के घर में। और बाबू लोग अपने-अपने घर में रहेंगे।

[श्याम भरोसे की आँखें फैल जाती हैं।]

श्याम भरोसे : और?

राम भरोसे : और कि मूँगफली के आधे छिलके राम भरोसे साफ करेगा, आधे श्याम भरोसे।

[श्याम भरोसे आँखें झपकाता है।]

श्याम भरोसे : और कुछ नहीं?

राम भरोसे : कुछ नहीं। *(उसे बगल से पकड़कर सीधा खड़ा करता हुआ)* अब सीधा हो जा। बहुत कूड़ा कर गए हैं। साफ करना है।

[एक झाड़न श्याम भरोसे के हाथ में देता है। दोनों फिर कुर्सियाँ झाड़ने लगते हैं।]

[पर्दा गिरता है।]

❑

सुरेन्द्र वर्मा

सुरेन्द्र वर्मा समकालीन हिन्दी नाटक के चर्चित हस्ताक्षर हैं। आधुनिक जीवन जगत् की समस्याओं को वर्माजी ने अपने नाटक एवं एकांकियों में अत्यन्त सजीवता से अंकित किया है।

7 सितम्बर सन् 1941 में जन्मे सुरेन्द्र वर्मा ने एम.ए. तक शिक्षा प्राप्त की। प्राचीन तथा मध्यकालीन भारतीय इतिहास और संस्कृति, रंगमंच और अन्तर्राष्ट्रीय सिनेमा में उनकी गहरी दिलचस्पी है। इनके नाटकों का फलक इतना व्यापक है कि वह समकालीन व्यक्ति और उसके समूचे समाज को समेट लेता है। इनके नाटक और एकांकियों में संस्कृत भाषा और साहित्य के गहरे अध्ययन का रचनात्मक इस्तेमाल देखने को मिलता है। सम्भवतः हिन्दी में यह कौशल जयशंकर प्रसाद और मोहन राकेश के बाद इतनी कुशलता से यहीं व्यक्त हुआ है।

रचनाएँ

नाटक–'तीन नाटक', 'सूर्य की अन्तिम किरण से सूर्य की पहली किरण', 'आठवाँ सर्ग', 'छोटे सैयद बड़े सैयद', 'एक दूनी एक', 'कैद-ए-हयात', 'शकुन्तला की अँगूठी'।

एकांकी संग्रह–'नींद क्यों रात भर नहीं आती'।

कहानी संग्रह–'प्यार की बातें', 'कितना सुन्दर जोड़ा'।

व्यंग्य संग्रह–'जहाँ वारिस न हो'।

उपन्यास–'अँधेरे से परे', 'मुझे चाँद चाहिए'।

'शकुंतला की अँगूठी' नाटक कालजयी अभिज्ञान शाकुंतल की समकालीन पुनर्व्याख्या है। प्रस्तुत नाटक में एक ओर आज के मशीनी, विध्वंसक तनाव के बीच उन पुराने शान्त समरस जीवन-मूल्यों का संधान तथा सन्निधि है और दूसरी ओर आज की यथार्थपरक मंचन शैली के माध्यम से संघर्षविहीन प्राचीन नाट्य दृष्टि का पुनर्निर्माण। संवेदना, जीवन दोष, स्त्री-पुरुष सम्बन्ध और बोली जानेवाली भाषा–'शकुंतला की अंगूठी' में पुनर्अन्वेषण एवं पुनर्व्याख्या की बहुस्तरीय प्रक्रिया चलती है। प्रस्तुत नाटक के 'सम्भव' नई दिल्ली एवं भारत भवन रंगमंडल, भोपाल द्वारा सफल प्रदर्शन हो चुके हैं।

'आठवाँ सर्ग' और 'सूर्य की अन्तिम किरण से सूर्य की पहली किरण तक' में सुरेन्द्र वर्मा ने संस्कृतनिष्ठ हिन्दी का प्रयोग किया है तो समकालीन दृश्यबन्ध वाले द्रौपदी एवं शकुंलता की अंगूठी में बोलचाल की सरल हिन्दी ली है और मध्यवर्गीय इतिहास के परिपार्श्व वाले 'छोटे सैयद बड़े सैयद' में फारसीनिष्ठ उर्दू शैली का व्यवहार किया है।

उनका एकांकी संग्रह 'नींद क्यों रात भर नहीं आती' में संकलित एकांकियों में स्त्री-पुरुष सम्बन्धों को एक नए धरातल पर परखा गया है। इन एकांकियों के यथार्थवादी शिल्प में काव्यात्मक भाषा ने इन सम्बन्धों को जिन सूक्ष्म बिम्बों में पिरोया है, उससे इनके एकांकी शौकिया मंडलियों में लोकप्रिय रहे हैं। 'शनिवार के दो बजे', 'वे नाक से बोलते हैं', 'हरी घास पर घंटे भर', 'मरणोपरांत', 'नींद क्यों रात भर नहीं आती' इसी प्रकार के एकांकी हैं।

'हरी घास पर घंटे भर' में लेखक ने तीन दंपतियों के द्वारा प्रौढ़ और वृद्धावस्था के सम्बन्धों को उनकी आकांक्षाओं, सपनों और दृष्टियों का अंकन किया है। एकांकीकार ने शब्दों के चुनाव और वाक्य संयोजन द्वारा जीवन के तीन स्तरों का आकर्षक रूप पेश किया है। अन्य नाटक एकांकियों के समान प्रस्तुत एकांकी में भी हरकतवाली क्रियात्मक-भाषा आविष्कृत करने की कोशिश दिखाई देती है।

हरी घास पर घंटे भर

सुरेन्द्र वर्मा

पात्र

वृद्ध *वृद्धा*
अधेड़ पुरुष *अधेड़ स्त्री*
युवक *युवती*
फेरीवाला

[स्थान-समय पार्क का एक कोना। शाम।]

[प्रकाश उभरता है। तीनों दम्पति अलग-अलग हैं। जब एक युग्म संवादलीन होगा, तब अन्य दोनों जोड़े बातचीत का मूकाभिनय (माइम) करते रहेंगे।]

युवक : *(बीच के व्यवधान की ओर संकेत सहित, हल्की मुस्कान से)* इतनी दूर...? मैं दिल्ली में बैठा हूँ और तुम...त्रिचनापल्ली में!

[युवती सलज्ज स्मित से कुछ निकट खिसक आती है। विराम। युवक प्रेम विभोर दृष्टि से युवती को देख रहा है। युवती एकाध बार उसकी तरफ देखकर नीचे देखती रहती है।]

युवक : *(युवती के कन्धे पर हाथ रख)* अपनी माँ को चिट्ठी लिख दी?

युवती : *(मृदु स्वर में)* हाँ।

युवक : क्या लिखा?

युवती : यही कि...घर नया-नया सजाना है, इसलिए समय नहीं मिल पाता। तुम चिन्ता बिल्कुल मत करना। मैं यहाँ अच्छी तरह हूँ और बहुत-बहुत खुश हूँ।

युवक : झूठ!

[युवती स्नेहयुक्त प्रश्नसूचक दृष्टि से देखती है।]

युवक : लिखा होगा—मैं चौबीसों घंटे रोती रहती हूँ। तुम लोगों ने किसके साथ मुझे बाँध दिया? मेरी तो जिन्दगी ही चौपट हो गई।

युवती : छिः...शर्म तो नहीं आती!

[युवक प्रेम-विह्वल हो युवती को देखता है। उसका एक हाथ थाम लेता है, दबाता है, होंठों से छुआने को होता है।]

युवती : क्या करते हो? कोई देख लेगा।

[हल्के से हाथ छुड़ा लेती है। युवक खोज-भरी दृष्टि से इधर-उधर देखता है।]

युवक : *(इशारे के साथ)* उस तरफ निकल चलें?

युवती : *(नर्मी से)* कितनी जगहें बदलोगे? कोई-न-कोई तो होगा ही वहाँ भी।

युवक : *(दोनों जोड़ों को देखता है। ठंडी साँस लेकर)* बस, यही तो मुसीबत है यहाँ। जहाँ जाओ वहाँ...जालिम जमाना!

[युवती हँसती है। युवक एक सिगरेट सुलगाता है। दो-तीन छल्ले बनाता है। अगले संवाद के दौरान दोनों में भावभीनी चपलता है।]

युवक : आज क्या किया दिन-भर?

युवती : बताऊँ?

युवक : बताइए।

युवती : साढ़े नौ बजे किसी के ऑफिस जाने के बाद कमरे का फर्श धोया।

युवक : किसके ऑफिस जाने के बाद?

युवती : है कोई।

युवक : अच्छा...फिर?

युवती : फिर कमरे में फ्लिट की बौछार की। कुछ कपड़े सर्फ में भीगे पड़े थे, उन्हें धोकर सूखने डाला। नाश्ते के बर्तन धोये। खिड़कियों के काँच साफ किए। फिर नहायी। फिर नीचे उतरकर बाजार के दो-तीन जरूरी काम किए।

युवक : कौन-से?

युवती : लांड्री से किसी की कमीजें उठाईं। विम का डिब्बा लिया। सब्जी खरीदी।

युवक : इसके बाद?

युवती : वापस आए। फिर मशीन निकाली, कपड़ा काटा और दो पर्दों की सिलाई की। तब तक डेढ़ बज चुका था। इसलिए सोचा कि अब तक ऑफिस में लंच-टाइम हो चुका होगा और किसी ने खाना खा लिया होगा।

युवक : किसने?

युवती : *(कुछ प्रगल्भ हो)* है कोई...आप किसी की प्राइवेट बातों में दखल क्यों देते हैं?

युवक : *(क्षण-भर के लिए युवती के कान पकड़कर)* माफ कीजिए। गलती हो गई...आगे?

युवती : *(मुस्कान दबाकर)* रात के खाने के दो पराँठे बचे हुए थे। उन्हें गर्म कर लिया और अचार के साथ...

युवक : *(कुछ आवेश से)* बस, तुम्हारी यही बात है, जो मुझे बिल्कुल...

युवती : मजे से खा लिया। फिर एक गिलास ठंडा-ठंडा पानी...

युवक : पसन्द नहीं। बचे हुए खाने की कूड़े के डिब्बे के अलावा...

[युवक अपनी बात कहने का प्रयत्न करता है, लेकिन युवती चंचलतापूर्वक उसे ऐसा अवसर नहीं देती।]

युवती : इत्मीनान से पी लिया। फिर विविध भारती लगाकर फिल्मफेयर के पन्ने पलटते हुए थोड़ी देर...

युवक : और कोई जगह नहीं।

युवती : बिस्तर पे आराम किया। फिर नीचेवाली मिसेज खन्ना आ गईं कहने कि अगर कोई जरूरत हो, तो बतलाइएगा। बेकार तकल्लुफ मत कीजिएगा। हमने कहा कि बेशक, आपसे नहीं कहेंगे, तो किससे कहेंगे भला? यहाँ और कौन है ऐसा, जिसके पास जाकर...

अधेड़ स्त्री : लिस्ट में चाय का डिब्बा भूल गई मैं।

अधेड़ पुरुष : अभी जाएँगे, तो ले लेंगे।

स्त्री : पिछली बार आधा किलो अरहर की दाल खराब निकली थी, गलती ही नहीं थी। उसके पैसे कटवा लेना।

पुरुष : कहूँगा...रखी है अभी?

स्त्री : हाँ।

[क्षणिक विराम]

स्त्री : बीमे की किस्त भेज दी?

पुरुष : हूँ।

स्त्री : बिजली का बिल भी आ गया है आज।

पुरुष : कितने का है?

स्त्री : पन्द्रह रुपए चालीस पैसे।

पुरुष : कुछ ज्यादा है इस बार...नहीं?

स्त्री : छुट्टियाँ थीं, इसलिए दोनों पंखे चलते रहे। *(कुछ रुककर)* कल से प्रेस भी खराब पड़ा है।

पुरुष : क्यों? क्या हुआ?

स्त्री : पता नहीं। गर्म ही नहीं होता...सबेरे प्रकाश की कमीज पर बाहर से इस्तरी करवाई। कल आशा की साड़ी पे भी।

पुरुष : क्वायल जल गया होगा।

स्त्री : ठीक करवा लो, वरना बाहर दस पैसे कपड़ा देकर कहाँ तक...

[विराम]

पुरुष : अभी जाकर दिखवा लूँगा। सुनो।

स्त्री : हूँ।

पुरुष : कुछ दिनों से मैं एक बात सोच रहा हूँ।

स्त्री : क्या?

पुरुष : ये घर काफी दूर पड़ जाता है। दफ्तर पहुँचने में घंटा भर तो लगता ही है, अक्सर बस भी एक बार बदलनी पड़ती है। अगर उसी तरफ कोई जगह मिल जाए, तो वक्त भी बचेगा और तीन लोगों का बस का खर्च भी।

स्त्री : उस तरफ कहाँ?

पुरुष : पहाड़गंज के आसपास कहीं...रज्जू तो अब हॉस्टल में रहेगा, इसलिए अगर दो छोटे-छोटे कमरे भी मिल जाएँ, तो काम चल जाएगा।

स्त्री : कितने तक हो सकता है ये?

पुरुष : यही कोई डेढ़ सौ के इर्द-गिर्द।

स्त्री : *(कुछ ठहरकर, विचारपूर्ण स्वर में)* हाँ, फायदा तो हर तरह से है।

पुरुष : तो पता करूँ?

[स्त्री स्वीकृति में सिर हिलाती है।]

•

वृद्ध : *(इधर-उधर देखते हुए)* दो रोज पहले मीटिंग हुई थी यहाँ। उसी के पोस्टर व झंडियाँ हर सिम्त लगी हैं।

वृद्धा : वही जलूस, जब पिंकी की छुट्टी हुई थी?

वृद्ध : हाँ।

वृद्धा : वो तो...बहू बता रही थी कि गौरमेंट के लिए था।

वृद्ध : हाँ, गवर्मेण्ट की तरफ से, गवर्मेण्ट के लिए।

वृद्धा : हुआ क्या था तब यहाँ?

वृद्ध : *(एक कान पर हाथ रखकर)* क्या?

वृद्धा : *(कुछ जोर से)* हुआ क्या था तब यहाँ?

वृद्ध : वही, जो हर बार होता है, तकरीरें, खयाली-बयानी।

[क्षणिक विराम]

वृद्धा : बहू कह रही थी कि ऐसा कोई कानून बननेवाला है, जिससे मकान किराएदारों के ही हो जाएँगे।

[वृद्ध मुस्कराकर रह जाता है।]

वृद्धा : *(आत्मलीन-सी)* मैंने अच्छा किया, जो बहू की बात मानकर इन्दिरा गाँधी को वोट दिया। तुम भी चले जाते, तो...

वृद्ध : *(गहरी साँस लेकर)* आलम पसे मर्गे मा चे दरिया चे सराब...

वृद्धा : *(सचेत होकर)* ये निगोड़ी फारसी में क्या बोले?

वृद्ध : किसी शायर का मिसरा है...कि हमारे मरने के बाद दुनिया में चाहे समुन्दर रहे, चाहे रेगिस्तान।

[नेपथ्य से 'ताजी मूँमफली! गरमागरम मूँमफली!' का स्वर। फेरीवाले लड़के का प्रवेश।]

लड़का : पन्द्रह पैसे की एक पुड़िया! ताजी मूँमफली! गरमागरम मूँमफली!

[वृद्ध-वृद्धा के सामने ठिठकता है।]

वृद्ध : नहीं चाहिए, भई। जब दाँत ही नहीं हैं तो...

[लड़का पुकार लगाते हुए स्त्री-पुरुष के सामने रुकता है।]

लड़का : निकालूँ एक पुड़िया, साब?

[क्षणिक विराम]

युवक : *(संकेत सहित)* शीऽऽ...अरे भई मूँगफली!

लड़का : आया साब!

[लपककर निकट आता है। युवक दो पुड़िया लेता है। पैसे देता है। अगले संवाद के बीच पुकार लगाने के मूकाभिनय के साथ लड़के का प्रस्थान।]

•

युवती : *(एक दाना मुँह में डालकर)* आज दिन-भर तुमने क्या किया?

युवक : *(उसी प्रकार)* बताऊँ?

युवती : हूँ।

युवक : किसी से टा-टा करने के बाद सवा दस बजे ऑफिस पहुँचा।

युवती : किससे टाटा करने के बाद?

युवक : है कोई।

युवती : अच्छा फिर?

युवक : रजिस्टर में हाजिरी लगाई गई। दो-तीन साथियों से हैलो-हैलो की। फिर अपनी मेज पर आकर बैठा। सोलह कस्टमर्स के बिल तीन महीने से पड़े हुए थे, उनके नाम रिमाइंडर टाइप करवाए और मैनेजर से सिग्नेचर करवा के डिस्पैच किए। कंट्रेक्टर ने पिछले हफ्ते का रॉ-मैटीरियल

सब-स्टैंडर्ड सप्लाई कर दिया था, इसलिए उसका एडवांस रोकने का नोटिस निकलवाया। अगले शनिवार को रिडक्शन सेल होनी है, इसलिए इश्तिहार का मैटर तैयार करवा के चार अखबारों में भिजवाया। फिर झपटकर एक सिगरेट मुँह में दबाई और जैसे ही जलाने को हुआ, तो...

[स्निग्ध दृष्टि से युवती को देखता है।]

युवती : *(मुस्कान सहित)* तो?

युवक : तो याद आया कि किसी ने दिन भर में बस, दस की पाबंदी लगा दी है।

युवती : किसने?

युवक : है कोई...आप किसी की प्राइवेट बातों में दखल क्यों देती हैं?

युवती : *(हँसी के साथ)* भूल हो गई...आगे?

युवक : पाँच मिनट बाद सिर में कुछ दर्द महसूस हुआ और थोड़ा टेंप्रेचर... *(युवती तत्क्षण युवक का हाथ छूकर देखती है)* तो ऐस्प्रो की दो गोलियाँ मँगवाईं और हाफ सेट चाय का ऑर्डर देते-देते रुक गया, क्योंकि किसी ने फिजूलखर्ची से बचने की ताकीद की है।

युवती : *(किंचित आवेश से)* बस, तुम्हारी यही एक बात है, जो मुझे बिल्कुल...

युवक : मजे से गोली निगलने के बाद एक गिलास ठंडा-ठंडा पानी...

युवती : तबीयत बड़ी है या पैसा? तुम्हें मेरी कसम, जो...

युवक : गटागट पी लिया। फिर पंखे को पूरी स्पीड पर चलाकर...

युवती : आगे फिर कभी ऐसा किया। तुम हो, तो मेरे लिए सबकुछ है...*(पल्लू का छोर आँखें से छुआती है।)*

युवक : ओफ्फो मधु, मैं तो हँसी कर रहा था।

युवती : *(तरल स्वर में)* हाँ ऽ किसी की जान जाए, तुम्हारी हँसी है।

युवक : अरे भई मैं तो...

युवती : *(दूसरी ओर मुड़ते हुए)* मुझसे बात करने की जरूरत नहीं है...मुझे बोलना ही नहीं है किसी से—बस!

[परवर्ती दृश्य के बीच युवक युवती को मनाता रहता है। और अंततोगत्वा सफल हो जाता है।]

●

स्त्री : चलो, रज्जू का दाखिला तो हो गया। मैं तो चिन्ता के मारे...

पुरुष : हो तो गया। पर आई.आई.टी. का बोझ उठाना कुछ मामूली बात नहीं है। फिर साथ में तीनों और बच्चों की पढ़ाई।

स्त्री : सो तो है।

पुरुष : और मुश्किल ये है कि सभी ऊँचे क्लासों में आते जाएँगे। रज्जू का तो खैर पाँच साल का सिलसिला हो ही गया। अगले साल आशा बी.ए.

पास कर लेगी। फिर त्योरस प्रकाश हायर सैकेंड्री कर लेगा और गुड्डी जूनियर से सीनियर स्कूल में आ जाएगी।

स्त्री : और इनके साथ हारी-बीमारी, नाते-रिश्तेदारी...सभी कुछ तो लगा है।

पुरुष : *(लम्बी साँस लेकर)* हाँ, रज्जू की माँ!...बड़े कठिन हैं ये पाँच-छह साल!

[विराम]

स्त्री : सुनो!

पुरुष : हूँ।

स्त्री : अगले साल आशा की कुछ नौकरी-वौकरी न हो जाए?...अब तो सभी लड़कियाँ करने लगी हैं।

पुरुष : *(तनिक ठहरकर, विचारपूर्ण स्वर में)* हाँ, करने तो लगी हैं।

स्त्री : थोड़ा सहारा हो जाएगा। फिर अभी ब्याह की कोई भी जल्दी नहीं है–अठारहवाँ ही तो लगा है...पर बात ये है कि करेगी क्या?...मौसी की रश्मी तो किसी स्कूल में पढ़ाती है न?

पुरुष : लेकिन उसके लिए ट्रेंड होना चाहिए। यानी एक साल फिर बीएड में लगेगा और यहाँ तो एडमिशन ही होना बड़ा मुश्किल है।

स्त्री : तो? किसी दफ्तर-अफ्तर में...?

पुरुष : हाँ। ऑफिस-कीपिंग, टाइप व शार्टहैंड के कोर्स होते हैं–तीनेक महीने के। शाम को भी क्लासें होती हैं उनकी। नौकरी भी जल्दी ही मिल जाती है।

स्त्री : *(कुछ रुककर, थोड़ी हिचकिचाहट से)* बस, यही लगता है कि सयानी लड़की का अकेले आना-जाना।

पुरुष : तो क्या किया जाए, रज्जू की माँ! मन पक्का करना ही पड़ेगा...थोड़ा तजुर्बा हो जाए उसे, तो आगे चलकर मेरे ऑफिस में भी गुंजाइश हो सकती है।

●

वृद्धा : *(एक ओर संकेत सहित)* हाय राम, देखो तो...कैसे कपड़े पहने है वो लड़की!

वृद्ध : *(एक नजर देखकर)* क्यों?...तुम्हारी लाड़ली जैसे ही तो हैं!

वृद्धा : रहने दो इतनी बेहयाई के कपड़े नहीं पहनती डॉली।

वृद्ध : यानी इससे कुछ कम बेहयाई के तो पहनती है!

वृद्धा : जमाना बदल गया है अब।

वृद्ध : वो तो जाहिर है। तुम्हारी बहू ही उस रोज क्या कहते हैं, उसे, बैल-बॉटम चढ़ाए हुए थी।

वृद्धा : वो तो डॉली ने भेंट किया था–अपनी माँ के जन्मदिन पर। उसने जिद

की, तो बहू बेचारी को पहनना पड़ा।

वृद्ध : ठीक है अब तुम भी ले लेना यही भेंट—अपने जन्मदिन पर।

वृद्धा : तुम तो बेकार...*(रुक जाती है। विराम)* तुम्हारी डॉली से अब बात नहीं होती कुछ?

वृद्ध : *(फीकी मुस्कान से)* उसे फुरसत ही कहाँ होती है। मेरे पास बैठने की? ...अभी तो कायनात खुल रही है उसके सामने परत-दर-परत...

वृद्धा : वो तो कह रही थी कि दादा जी मुझसे कुछ नाराज हैं—बोलते नहीं।

वृद्ध : मैं न किसी से नाराज हूँ, न खुश। अब तो बस, खामोश हैं और... तमाशाए-अहले-जहाँ देखते हैं।

वृद्धा : *(अपनी ही धुन में)* पिंटू भी कह रहा था कि अब मुझसे बात...

वृद्ध : *(कुछ चिढ़कर)* क्या बात करूँ?...बित्ते-भर की वो मिन्नी-मिन्नी स्कर्ट पहनने पर डॉली को मुबारकबाद दूँ? या कि पिंटू की हौसला अफ़जाई करूँ कि शाब्बास! तात्या टोपे जैसी कानों तक की कलम रखकर आप बड़े...

वृद्धा : *(धीमे स्वर में)* जब बेटा और वह कुछ नहीं कहते, तो...

वृद्ध : *(थोड़ी तेजी से)* मैंने कुछ कहा...? जिसको जो पसन्द हो, वो करे! मैंने सब अनसुना कर दिया। सब नजरअन्दाज कर दिया...मैं वहाँ हूँ जहाँ से मुझको भी, कुछ अपनी खबर नहीं आती।

वृद्धा : पर अपना ही खून है। एक ही घर में रहते हुए...

वृद्ध : हाँ, बिल्कुल है। बचपन की यही डॉली थी, जो शबो-रोज मेरे सीने पे गरेबाँ की तरह रहती थी, लेकिन अब उसका तौर-तरीका फर्क है, जो मुझे पसन्द नहीं। वो अपनी खू (आदत) न छोड़ेंगे, हम अपनी वजा (स्वभाव) क्यों छोड़ें?...वो अपनी चहल-पहल में खुश, हम अपनी तनहाई में मुत्मइन—बस, मुझे छेड़ो मत...हूँ सरापा साजे आहँगे (रागिनी)—शिकायत। कुछ न पूछ, है यही बेहतर कि लोगों में न छेड़े तू मुझे!

•

युवक : लाओ, तुम्हारा हाथ देखूँ।

युवती : तुम्हें हाथ देखना आता है?

युवक : *(मुस्कान सहित)* और नहीं तो क्या मसखरी कर रहा हूँ? मैंने ज्योतिष विद्या का पार्ट टाइम कोर्स किया है।

युवती : *(हँसती है)* अच्छा मुझे नहीं पता था।

[युवक युवती का हाथ पकड़ता है।]

युवती : *(आसपास संकेत कर चंचलतापूर्वक)* जालिम जमाना...

युवक : *(लापरवाही से)* ऊँह...बलराज एंड कम्पनी के बैंड के साथ ब्याह कर लाया हूँ। हाँ, अगर भगाकर लाया होता, तो...

युवती : धत्...

[युवक मुस्कान दबाते हुए, गम्भीर रहने के असफल प्रयत्न के साथ युवती की हथेली देखता है।]

युवती : कुछ बताओ न!

युवक : यह रही जन्म की रेखा।

युवती : *(कृत्रिम आश्चर्य से)* अच्छा!

युवक : *(होठों-ही-होठों में कुछ बुदबुदाता है)* इसके हिसाब से तुम्हारी पैदायश पंजाब की होनी चाहिए।

युवती : *(मुस्कराती है)* बिल्कुल ठीक है।

युवक : और यह है जिन्दगी की लकीर।

युवती : यानी मैं अभी जिन्दा हूँ।

युवक : *(मुस्करा पड़ता है, पर फिर गम्भीर हो जाता है)* वैसे बचपन में तुम किसी हादसे से बाल-बाल बची हो।

युवती : *(गद्‌गद हो)* सचमुच...आपने तो बिल्कुल सही बतलाया।

युवक : *(रोब से)* हम बहुत पहुँचे हुए ज्योतिषी हैं, बच्चा!

युवती : *(खाँसकर)* लेकिन बाई द वे, ये मेरा दायाँ हाथ है।

युवक : *(क्षण-भर को हतप्रभ हो जाता है। फिर बायाँ हाथ थामते हुए, सँभलकर)* पामिस्ट्री की नई थ्योरी के मुताबिक दोनों हाथ पकड़े जाते हैं—अगर लड़की खूबसूरत हो तो *(युवती झेंपी-सी मुस्कराती है!)*...ये सहेली-लाइन है। इसके हिसाब से तुम्हारी बहुत पुरानी और पक्की सहेली होनी चाहिए एक...शायद उसका नाम बी से हो,...यू.पी. में कहीं रहती है। *(खाँसकर)* और ये रही सन्तान की लकीर।

युवती : धत्...*(हाथ छुड़ा लेती है।)*

पुरुष : *(मुस्कान सहित)* ऑफिस में कई लोगों ने मुबारकबाद दी आकर—रज्जू के लिए।

स्त्री : *(प्रफुल्लित-सी)* अच्छा?

पुरुष : कहा, बड़ा होनहार है।

स्त्री : दया है भगवान की।

पुरुष : *(ठंडी साँस लेकर)* मैं तो कुछ नहीं कर सका, लेकिन...

स्त्री : क्यों नहीं कर सके? ऐसी भरी-पूरी गिरस्ती चला रहे हो, और क्या करता है आदमी।

पुरुष : ये तो खैर, कहने की बातें हैं। लेकिन ये सन्तोष है मन में कि लड़का जरूर बड़ा आदमी बनेगा।

स्त्री : वैसे प्रकाश भी होशियार है पढ़ाई में।

पुरुष : साइंस में अच्छा रहा, तो उसे भी किसी टेक्नीकल लाइन में ही डालेंगे।

स्त्री : *(कुछ ठहरकर, भेद भरे स्वर में)* एक बात बताऊँ?

पुरुष : क्या?

स्त्री : रज्जू मन-ही-मन बहुत इज्जत करता है तुम्हारी। *(पुरुष अत्यन्त उत्सुक हो, प्रश्नसूचक दृष्टि से देखता है)* अभी एक दिन कह रहा था, बाबू मुझे जैसे पढ़ा रहे हैं, मैं जानता हूँ। भगवान ने मुझे किसी लायक बनाया, तो उम्र भर उनकी सेवा करूँगा।

[विराम]

पुरुष : *(गद्गद होकर)* पगला है!

•

वृद्धा : लीला की चिट्ठी आई है।

वृद्ध : *(कान पर हाथ रख)* क्या?

वृद्धा : *(कुछ जोर से)* चिट्ठी आई है लीला की।

वृद्ध : अच्छा।

वृद्धा : लिखा है अगले महीने की चौबीस को मंजू की सगाई है। पिता जी व अम्मा जरूर आएँ।

वृद्ध : *(मुस्कराता है)* मैं—और इस उम्र में कलकत्ते जाऊँगा...इत्तिफाके सफर उफ्ताद व पीरीं गालिब, उँचे अज पाये नयामद ज असामी आयद!

वृद्धा : क्या कहा?

वृद्ध : बुढ़ापे में सफर का इत्तिफाक हुआ। जो पैर से न हो सका, ओ लाठी से होता है।

वृद्धा : तो क्या करोगे? नहीं जाओगे?

वृद्ध : किशोर ने चिट्ठी देख ली? जो वो ठीक समझेंगे, करेंगे, पिंटू को भेज देंगे। न होगा तो खुद चले जाएँगे...असायेपीर ब जाये पीर! *(वृद्धा की प्रश्नसूचक दृष्टि देखकर)* बूढ़े की लकड़ी बूढ़े की नुमाइंदगी करती है।

वृद्धा : *(तनिक सोचकर)* ठीक है। तो फिर मैं भी नहीं जाऊँगी।

वृद्ध : *(स्नेह से वृद्धा की ओर देखता है। कुछ ठहरकर, बदले हुए स्वर में)* लाजवंती!

वृद्धा : *(सिर का पल्ला ठीक कर लेती है)* हूँ।

वृद्ध : चालीसेक साल तो हुए होंगे अपनी शादी को? कुम्भ ही पड़ा था न उस बरस।

वृद्धा : *(कुछ खोये-से स्वर में)* हाँ।

[विराम]

वृद्ध : *(गहरी साँस लेकर)* मैं तो तुम्हें कोई सुख नहीं दे सका। सारी जिन्दगी तुम्हारी चूल्हे-चौके में ही चली गई।

वृद्धा : *(नरमी से)* कैसी बातें करते हो...मैं तो अपने को बहुत अच्छे नसीब वाली समझती हूँ और क्या चाहिए किसी को? लिहाज करनेवाले बेटा-बहू हैं, लड़की अपनी गिरस्ती में मगन है, सिर पर तुम्हारा हाथ है।

वृद्ध : *(आजिजी से)* तुम्हारी तरफ से बेफिक्र हूँ, इसीलिए ये जिन्दगी और भी बोझ मालूम देती है...बस, अब तो उठा ले भगवान!

वृद्धा : छिः-छिः कभी शुभ भी बोला करो। मेरी तो ये मनौती है कि जब मेरी अर्थी उठे, तब तुम कन्धा लगाओ।

वृद्ध : *(हल्की मुस्कान से)* तुम्हें तो डॉली का ब्याह देखना है, पिंटू का बच्चा खिलाना है, तो बाबा मुझे क्यों घसीटती हो अपने साथ?

•

युवक : मधु, एक बात तो बताना भूल ही गया।

युवती : क्या?

युवक : आज मैंने इंश्योरेंस के कागजों पे सिग्नेचर कर दिए हैं...पता है, अब क्या कीमत है मेरी? *(युवती प्रश्नसूचक दृष्टि से देखती है)* दस हजार।

युवती : *(स्नेहसिक्त उपालंभ से)* छिः... *(युवक का हाथ थामकर उससे सट जाती है।)* बहुत बेशकीमती हो तुम!

युवक : *(भावविभोर होकर कुछ क्षण उसे देखता रहता है। विराम। कोमल स्वर में)* भल्ला का फोन आया था आज। अगले हफ्ते सिलेंडर मिल जाएगा।

युवती : चलो, सहूलियत हो जाएगी। *(विराम)* एक बात कहूँ?

युवक : *(युवती के माथे पर बिखरी एक लट सँवारते हुए)* तो कहिए, जनाब!

युवती : क्या हम जगह नहीं बदल सकते?...एक कमरा अकेले आदमी के लिए तो ठीक है, लेकिन...।

युवक : *(तनिक ठहरकर)* दरअसल ये बात खुद मेरे दिमाग में थी। पर इतनी जल्दी सबकुछ हुआ कि बन्दोबस्त हो नहीं पाया।

युवती : वैसे हम लोगों के लिए कोई बात नहीं, पर कोई आए-जाए, तो...

युवक : नहीं-नहीं, ले लेंगे जल्दी ही...दो कमरें, किचन, बाथरूम, एंट्रेंस अलग से—ठीक?

[युवती हामी से सिर हिलाती है। नेपथ्य से 'इवनिंग न्यूज। इवनिंग न्यूज!' चिल्लाते हुए फेरी वाले लड़के का प्रवेश।]

लड़का : *(पुकारकर)* इवनिंग न्यूज...शाम की ताजा खबर...टैक्सी ड्राइवर ने

मुसाफिर को छुरा घोंप दिया!

[युवक संकेत से लड़के को बुलाता है और सिक्का देकर समाचार पत्र लेता है। कुछ क्षणों देखता है, जिनके बीच लड़के का पुकार लगाते हुए प्रस्थान।]

युवक : *(कलाई की घड़ी देखकर)* अभी टाइम है...पिक्चर देखेंगे प्लाजा में।

युवती : *(कुछ दुर्बल स्वर में)* परसों ही तो देखी थी एक।

युवक : अरे यार, तो क्या डॉक्टर ने मना किया है कि आल्टरने डेज पे फिल्म नहीं देख सकते?

युवती : घर पहुँचते-पहुँचते दस बज जाते हैं। खाने में फिर कम-से-कम...

युवक : खाना भी बाहर ही खा लेंगे *(मुस्कराकर)* अभी तो महीने का पहला हफ्ता है। *(तत्क्षण खड़ा हो जाता है।)* ना मत करो, दोस्त। बस, मूड हो गया। एकदम...आ जाओ अब।

[हाथ बढ़ाता है। युवती हल्की मुस्कान से उसकी ओर देखती है, फिर पर्स लेकर उसके हाथ के सहारे उठ खड़ी होती है। दोनों का हाथ में हाथ डाले प्रस्थान। स्त्री-पुरुष ने तिरछी निगाह से इन दोनों को देखा है।]

•

स्त्री : नई-नई शादी है।

पुरुष : हूँ।

[विराम]

स्त्री : क्या बजा है?

पुरुष : *(घड़ी देखकर)* सवा छह।

स्त्री : चलें? बच्चे आने को होंगे रैली से। फिर अभी पंसारी के यहाँ भी थोड़ी देर लगेगी।

पुरुष : चलो।

[दोनों का प्रस्थान]

•

वृद्धा : डॉक्टर ने क्या कहा?

वृद्ध : चीनी ट्रेसेज में ही रह गई है। डायबिटीज थोड़ा काबू में आ जाएगा।

वृद्धा : चलो, अच्छी बात है।

वृद्ध : पर लगता है, ये चश्मा बेकार हो गया अब। हर्फ पहचानने तक में मुश्किल होती है...तुम्हारा घुटनों का दर्द कैसा है अब?

वृद्धा : ठीक नहीं। दो दिन से ठंडी हवा चल रही है, सो उभर आया है।

वृद्ध : अब की सर्दियों में तुम्हारा मोतियाबिन्द का ऑपरेशन करा लें? तब तक

तो पूरा उतर आएगा।

वृद्धा : हाँ। किशोर भी कह रहे थे।

वृद्ध : *(आसपास देखता है)* मेरा दायाँ कान तो बेकार था ही, अब बाएँ से भी धीमी बात सुनाई नहीं देती।

[छड़ी के सहारे सँभल-सँभलकर उठने लगता है।]

वृद्धा : *(उठकर सहारा देते हुए)* मुझे दूर की चीज दिखाई नहीं देती ठीक से। यह तो मालूम हो जाता है कि कोई है, पर कौन है, यह पहचान में नहीं आता।

[दोनों धीरे-धीरे चलने लगते हैं।]

वृद्ध : ब्लडप्रेशर का क्या हाल है?

वृद्धा : तीन-चार दिन से तो ठीक है...तुम्हारा दाँतों का सेट कब मिलेगा?

वृद्ध : कल शाम के लिए कहा है। *(गहरी साँस लेकर)* जिन्दगी बर गर्दनम उफ्ताद बे दिल चारा नीस्त, चार बायद जेस्तन नाचार बायद जीस्तन।

वृद्धा : क्या?

वृद्ध : जिन्दगी मेरे लिए बोझ बन गई है। कोई रास्ता नहीं। *(दोनों मंच छोड़ने लगते हैं।)* चाहे खुशी से हो चाहे मजबूरी से—इसे बिताना ही होगा।

[अंधकार]

❑❑❑